Schöne Ziergräser

Gisela Zinkernagel

Schöne Ziergräser

64 Farbfotos
25 Zeichnungen

VERLAG
EUGEN
ULMER

**Seite 2: Ein fröhli-
ches Durcheinan-
der von Lichtnelke,
Lein, Akanthus und
Blauschwingel. Ein
gelegentliches Frei-
stellen und Ausput-
zen des Grasbu-
sches, *Festuca cine-
rea* 'Meerblau',
wird seine Lebens-
dauer verlängern.**

**Seite 6: Ausdrucks-
voll steht der mäch-
tige Grasbusch von
*Miscanthus sinen-
sis* 'Gracillimus' an
einer Wegkreuzung,
er macht eine gute
Figur, auch wenn er
bei uns nicht blüht.**

Titelbild: Das Pfeifengras, *Molinia caerulea,* ist eines der schönsten Ziergräser für nährstoffarme, sonnige Gartenplätze.

Die Deutsche Bibliothek — CIP-Einheitsaufnahme

Schöne Ziergräser / Gisela Zinkernagel. — Stuttgart : Ulmer, 1993
    ISBN 3-8001-6492-2
NE: Zinkernagel, Gisela

© 1993 Eugen Ulmer GmbH & Co.
Wollgrasweg 41, 70599 Stuttgart (Hohenheim)
Printed in Germany
Lektorat: Ingeborg Ulmer
Herstellung: Ursula Stammel
Einbandgestaltung: Alfred Krugmann, Freiberg am Neckar
Mit einem Foto von Ellen Fischer, Weisenheim/Berg
Zeichnungen: Reinhild Hofmann, München
Satz: Typobauer Filmsatz GmbH, Ostfildern 3
Druck und Bindung: Passavia Druckerei GmbH, Passau

Vorwort

Für Gräser gibt es unzählige Verwendungsmöglichkeiten im Garten. Dies ist eine Folge der weltweiten Herkunft, der intensiven züchterischen Bearbeitung und der unterschiedlichen Wuchsformen dieser großen Familie. Ihr ungeheurer Formenreichtum mag denjenigen faszinieren, der sich schon länger mit Gräsern beschäftigt hat, jemand anderen zu begeisterter, aber unüberlegter Verwendung verführen, wieder andere mögen aus Angst vor der Vielfalt und möglichen Fehlschlägen vor der Verwendung von Gräsern im Garten zurückschrecken.

In der Tat kann man allzu leicht verführt werden — besonders im Spätsommer, zur Blütezeit der meisten großen Ziergräser, sich dieses und jenes und noch ein Gras in den Garten zu holen und dann vor lauter Begeisterung oder Platzmangel die Standortfrage zu vernachlässigen. Die Freude könnte allzu leicht in Enttäuschung umschlagen. Da Gräser erst nach einigen Jahren ihre volle Schönheit entwickeln — aber nur am richtigen Standort — könnte sich Unmut gegen sie richten, wenn man wegen dieser paar Halme jahrelang einen Platz freigehalten hat, auf dem sehr wohl viel dankbarere Pflanzen hätten stehen können. Manch einer mag diese Enttäuschungen ahnen und läßt sich von der zugegebenermaßen verwirrenden Gräservielfalt von vornherein abschrecken.

Manchem Vorurteil oder Fehlschlag möchte dieses kleine Buch versuchen zu begegnen. Aus dem ständig sich erweiternden Sortiment gartenwürdiger Gräser — Pflanzensammler und Züchter sind unermüdlich am Werk — sind die heute wichtigsten und schönsten zusammengestellt. Beschrieben sind nicht nur Aussehen und Habitus der Pflanzen, sondern auch auch Herkunft und Standortansprüche, was die richtige Verwendung, so hoffe ich, erleichtern wird.

Den Einzelbeschreibungen der Gräser im ersten Teil folgen einige Kapitel, in denen die Gräser nach bestimmten Kriterien zusammengestellt sind, z. B. nach Höhe, Lichtbedürfnis, Färbung. Ferner habe ich versucht, Hinweise für die Benachbarung mit anderen Stauden zu geben, sozusagen als hilfreichen Einstieg für den Anfang. Bald werden Sie selbst ein Gespür dafür bekommen — oder auch das Wissen darüber —, welche Pflanzen mit welchen Gräsern zusammenpassen, und Sie werden eigene Kompositionen finden. Und vielleicht verfallen Sie einer großen Gräserliebe, oder Sie beginnen langsam und zaghaft sich mit den kleinen feinen oder den großen starken anzufreunden. In jedem Fall wird die Bindung zwischen Mensch und Gräsern eine ganz besondere sein.

Gisela Zinkernagel
Freising, Herbst 1993

Inhaltsverzeichnis

Kaum ein anderes
Gras wirkt so leicht
wie die einjährige
Mähnengerste
Hordeum jubatum.

Süßgräser und Sauergräser – Eine Einführung

Bedeutung und Verbreitung der Gräser

Die Bezeichnung »Gras« für Rasen- und Wiesenpflanzen ist noch nicht sehr alt. Bei den Römern gab es das Wort »herba«, das zugleich Kraut, Unkraut, Gras oder Halm bedeuten konnte. Im Mittelalter wurden als »graz« (indogermanisch »gher«) alle schmalblättrigen, aufrechten, nach unserem Begriff auch grasähnlichen Pflanzen bezeichnet, im Gegensatz zu Kraut oder Kräutern, nämlich den Arznei- und Küchenkräutern. Erst im 18. Jahrhundert begann sich eine Unterteilung des Pflanzenreiches etwa im heutigen Sinne durchzusetzen, bei der die Gräser wegen ihres eigentümlichen Blütenaufbaus einem eigenen Bereich zugeordnet wurden.

Es gibt etwa 6000 verschiedene Grasarten und damit ist die Familie der Gräser eine der größten Familien unter den Blütenpflanzen. Einige ihrer Arten bilden einen der wichtigsten Wirtschaftsfaktoren der Menschen, indem sie 80–90% der Nahrungsmittel liefern, deren Mensch und Tier bedürfen. Deshalb ist die Bedeutung der Getreidearten – Weizen, Roggen, Hafer, Gerste, Mais, Reis und Hirse – allgemein bekannt. Andere Gräser und die Formen ihrer Nutzung sind uns schon weniger geläufig: Gräser zur Herstellung von Polstern und Flechtwerk, zur Gewinnung ätherischer Öle (Lemongras, Citronell oder Vertivieröl), zur Zuckergewinnung (Zuckerrohr) oder als Baumaterial (Bambus). Wieder andere Vertreter der Gattung, auf den ersten Blick nutzlos und unbedeutend, sind wichtig, weil sie landschaftsprägen-de Bestandteile in natürlichen Steppen, Grasländern, Matten und Dünen, Sümpfen, Mooren und Wäldern und in anthropogen beeinflußten Wiesen, Weiden und Rasen sind.

Gräser sind sozusagen die Haare der Erde, wo immer sie vorkommen, haben sie Aufgaben, die von keiner anderen Pflanzenart übernommen werden können.

Der Grund für die weltweite Verbreitung dieser Pflanzengruppe liegt sicherlich in der Art und Weise, wie sie sich vermehrt. Nicht auf irgendwelche Tiere zur Bestäubung der Blüten angewiesen, überlassen die Gräser alles dem Wind, der den Pollen auf die Narben weht, der in vielen Fällen auch dafür sorgt, daß die Samen über große Weiten fortgetragen werden. Manche Samen tragen kleine schmuckhafte Anhängsel, die mitsamt den Samenkörnern von den überall emsigen Ameisen weggeschleppt werden, andere sind mit widerborstigen Grannen versehen, die sich im Fell der Tiere verhaken und auf diese Weise meilenweit fortgetragen werden können.

Es sei hier kurz auf einige Besonderheiten im Aufbau der Gräser eingegangen.

Wir unterteilen in sogenannte echte Gräser (Familie der Gramineae) oder Süßgräser, wohl weil sie in aller Regel dem Vieh gut, das heißt süß schmecken, und in Sauergräser (Familien der Cyperaceae und Juncaceae), die dem Vieh wahrscheinlich nicht so gut munden.

Da die genauen botanischen Merkmale für unsere Betrachtungsweise der Gräser als dekorative Gartenpflanzen nicht von Bedeutung sind, mögen die botanisch Interessierten unter den Lesern

9

eine gewisse Simplifizierung der Darstellungsweise entschuldigen und über den diffizilen Aufbau der einzelnen Gräserblüte an anderer Stelle nachlesen.

Süßgräser (Gramineae)

Die Stengel oder Triebe von Gräsern werden botanisch Halm genannt. Bei den Süßgräsern ist dieser zylindrisch und hohl und durch verdickte Zonen, die sogenannten Knoten, gegliedert. Zahl, Größe und Anordnung der Knoten können sehr unterschiedlich sein. Alle enthalten

jedoch ein besonderes Wachstumsgewebe, das bewirkt, daß ein umgefallener Halm sich an dieser Stelle wieder aufrichten kann. Ferner befindet sich oberhalb eines jeden Knotens eine Wachstumszone, der Grund für das sprichwörtlich hohe Wuchstempo der Süßgräser. Da sie mehrere Wuchszonen am Halm besitzen und nicht nur eine an der Sproßspitze wie die übrigen Blütenpflanzen, haben sie ein erstaunlich rasches Längenwachstum: Roggen wächst in 24 Stunden 2–3 cm, große Bambus-Arten schaffen am Tag 30–40 cm. Diese wichtige Zone bedarf natürlich eines besonderen Schutzes. Da die Blätter eines Grases ebenfalls an einem Halmknoten entsprießen, ist ein Teil des Blattes, die sogenannte Blattscheide, so ausgebildet, daß sie wie ein fester Schaft den Halm umschließt und das weiche Wachstumsgewebe auf diese Weise schützt und stützt. Eine weitere Besonderheit am Gräserblatt ist die Ligula, eine kleine Zunge, für Botaniker ein ganz wichtiges Unterscheidungsmerkmal der einzelnen Arten. Es handelt sich um einen hautartigen Auswuchs, der den Halm dort, wo die Blattspreite abknickt, fest umschließt, so daß kein Schmutz oder Wasser in den Schaft und an die Wachstumszone gelangen können.

Die jungen Blätter, die Blattspreiten, können im Vegetationskegel entweder gerollt *(Festuca, Stipa)* oder gefaltet *(Deschampsia, Miscanthus)* sein, Formen, zu denen sie auch später immer wieder tendieren.

Erstere haben meist glatte Blattspreiten, die sich bei Trockenheit zusammenrollen. Diese sind auch zum größten Teil dürreverträgliche und Sonne liebende Arten.

Letztere haben meist gekielte oder genau symmetrisch gefaltete Blätter. Sie gehören eher zu den Gräsern mit breiteren Blättern, die mehr Feuchtigkeit oder Schatten vertragen. Auch sie haben einen interessanten Mechanismus, um Dürreperioden zu überstehen: am Spreitenansatz, das heißt, dort, wo das Blatt

Die wichtigsten Bauteile eines Grases.

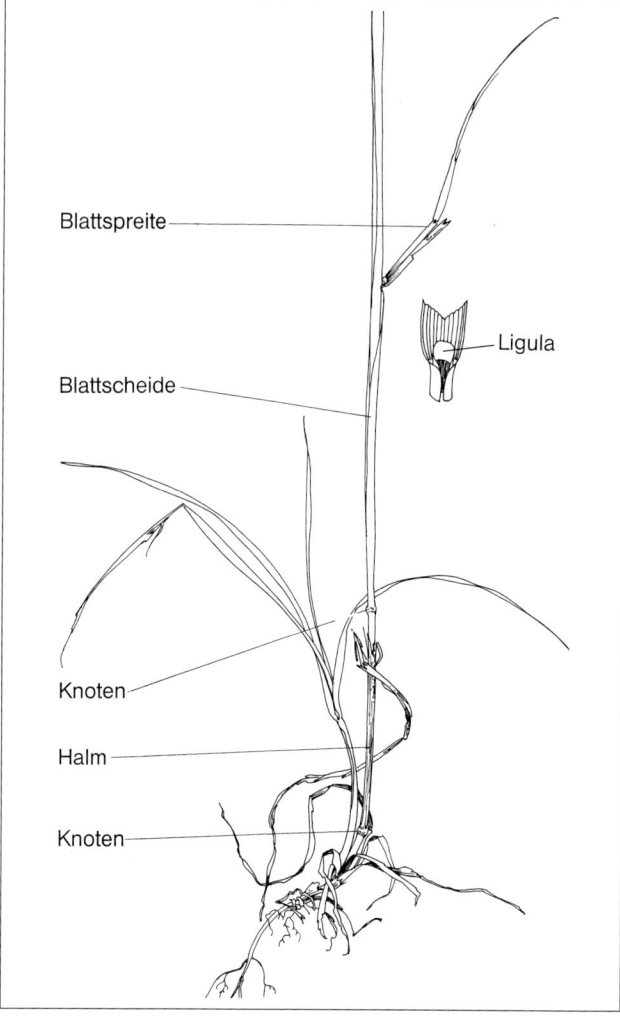

Blattspreite

Ligula

Blattscheide

Knoten

Halm

Knoten

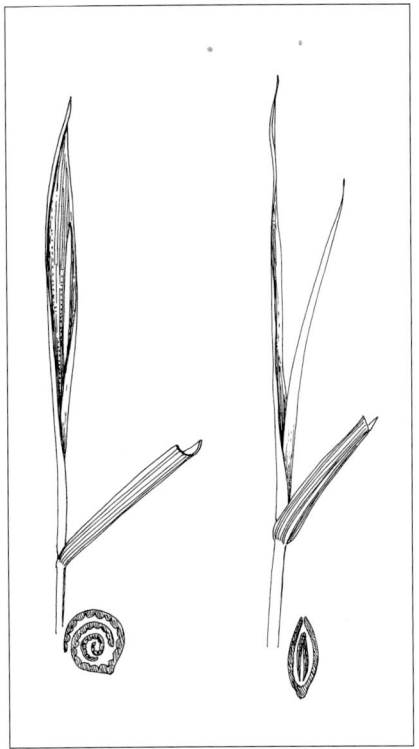

vom Halm abknickt, und auch entlang der Mittelrippe des Blattes befinden sich Gelenke aus quellfähigem Spannungsgewebe, das sich, wenn genügend Wasser vorhanden ist, vollsaugt, ausdehnt und das Blatt nach unten klappt und ausbreitet. Bei Wassermangel legen sich die Blätter wieder zusammen und richten sich auf.

Aufgrund eines ähnlichen Mechanismus verdrillen sich die Blätter zahlreicher Arten bei Wasserentzug (z. B. Bambus) und sind deshalb zum Schnitt überhaupt nicht geeignet. Eine weitere Vorrichtung zum Verdunstungsschutz ist die so dekorative blaue Bereifung, zum Beispiel bei *Festuca ovina, Koeleria glauca*. Es ist ein wachsartiger Überzug, der vor allem dann besonders schön ausgebildet wird, wenn die Gräser an sonnigen, trokkenen und nicht zu nährstoffreichen Plätzen wachsen, während die Gräser vergrünen, wenn sie feucht, halbschattig und nährstoffreich stehen.

Von der komplizierten Gräserblüte ist im Rahmen dieses Buches eigentlich nur der Blüten- oder Fruchtstand von Bedeutung; nur er tritt eindrucksvoll in Erscheinung und ist von gestalterischem Reiz. Er ist eine für uns mehr oder weniger dekorative Anordnung von Einzelblüten in Form einer dichten Ähre, einer Traube, Doppeltraube oder einer lockeren Rispe.

Die Einzelblüte eines Grases, mit ihren Hüllspelzen, Deckspelzen und Vorspelzen, ist in manchen Teilen — aufgrund der extremen Windblütigkeit — so stark zurückgebildet, daß selbst Experten sich die Köpfe heiß diskutieren und nicht entscheiden können, wie sie die einzelnen Gattungen und Familien einander zuordnen sollen. Für uns wiederum ist nur ein Teil der Blüte interessant, und zwar die Deckspelze, wenn sie nämlich die herrlichen langen, fedrigen oder glatten Grannen trägt, die den Charme der Federgräser, der Mähengerste oder

Links: Blattspreiten gerollt (links) und gefaltet (rechts)

Rechts: Blütenstände von Gräsern: Ähre, Traube und Rispe

Festuca
Foto Seite 31

11

des Lampenputzergrases ausmachen. Bei manchen Gräsern ist auch der unmittelbare Zeitpunkt der Blüte von Interesse, wenn nämlich die leuchtend gelben Staubbeutel über die Spelzenränder herabhängen (bei *Stipa gigantea, Sorghastrum nutans*).

Dieser nur sehr kurze Zeitpunkt der Hauptblüte ist bei einigen Gräsern noch durch eine weitere Eigentümlichkeit gekennzeichnet: Damit der Wind die Blütenstände und die Ährchen gut durchwehen und möglichst auf alle Narben Pollen bringen kann, spreizen sich Blütenstände und Ährchen mit Hilfe von Schwellgeweben. Die zuvor eng an den Stengel anliegenden Äste und Ästchen werden von der Hauptachse und voneinander weggedrängt. So werden die Blüten gleichmäßig in der Rispe verteilt. Wenn der Zeitpunkt der Blüte erreicht und die Witterung günstig ist, üben kleine Schwellkörper Druck auf die Deckspelzen und die Vorspelzen aus, so daß diese sich öffnen und Staubgefäße und Stempel herauswachsen können. Nach erfolgter Befruchtung schrumpfen die Schwellkörper wieder, die Blüte schließt sich und der Blütenstand wirkt wieder schlanker. Das erklärt, warum bei manchen Gräsern der Blütenstand vor, während und nach der Blüte unterschiedlich aussieht *(Deschampsia, Festuca, Glyceria)*.

Eine letzte Besonderheit der Süßgräser, der man mitunter begegnet, sei noch erwähnt, die Viviparie. Bei einigen Gräsern setzt die Ährchenachse an der Spitze das Wachstum fort; es kann dort zur Bildung kleiner Blätter oder sogar ganzer Pflanzen kommen. Halme, die solche Pflänzchen tragen, biegen sich unter der Last zum Boden, wo die kleinen Pflanzen Wurzeln schlagen. Beispiele hierfür sind *Deschampsia cespitosa* 'Fairy Joke' oder *Festuca vivipara*.

Sauergräser oder Riedgräser (Cyperaceae und Juncaceae)

Die Mitglieder der Familie der Cyperaceae gehören botanisch nicht zu den Gräsern (Gramineae), sie werden jedoch im Volksmund als Sauergräser bezeichnet und sehen für den Pflanzenfreund und Gärtner zunächst auch wie Gräser aus, deshalb zählen wir sie hier mit zu den »schönen« Gräsern. Es sind Arten der Gattungen *Scirpus* (Simse), *Carex* (Segge), *Cyperus* (Zypergras) und *Eriophorum* (Wollgras).

Die Halme der Sauer- oder auch Riedgräser sind, im Gegensatz zu denen der

Deckspelzen mit hervortretenden Staubgefäßen. Fedrig begrannter Fruchtknoten bei *Stipa* und begrannte Deckspelzen bei *Hordeum*.

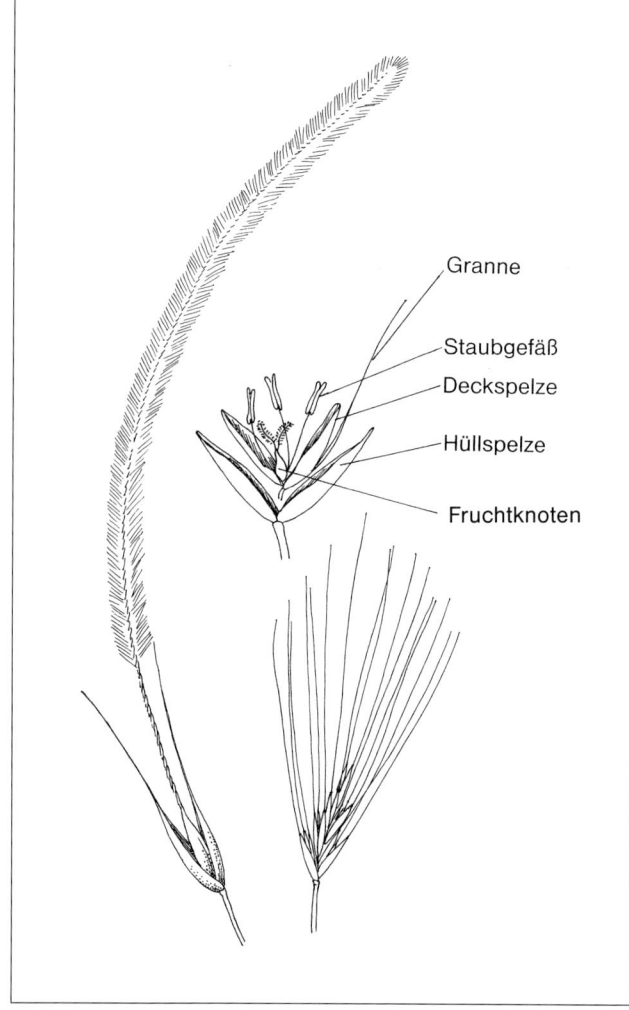

Granne

Staubgefäß

Deckspelze

Hüllspelze

Fruchtknoten

Süßgräser, scharf dreikantig, haben keine Knoten und sind nicht hohl, sondern mit Mark gefüllt. Natürlich gibt es auch hier Ausnahmen: die Wollgräser haben runde Halme — aber das soll uns an ihrer Verwendung im Garten nicht hindern.

Was vielleicht an dem einen oder anderen Platz im Garten hinderlich und lästig sein könnte, sind die rauhen Blattränder mancher *Carex*-Arten. Der deutsche Name Segge kommt vielleicht von Säge — es sind dies Kieselsäureeinlagerungen, wohl als Fraßschutz entwickelt, und sie machen das Unkrautjäten zwischen den Blatthorsten für uns nicht gerade zur angenehmsten Beschäftigung.

Grundsätzlich anders als bei den Süßgräsern, aber in ihrer Art auch dekorativ, sind die Blütenstände der Sauergräser. Sie treten als Köpfchen (stark gestauchte Ähre), als Ähre (oft so dicht, daß sie wie eine Walze wirkt) und als Spirre (Rispe,

bei der die Hauptachse geringer entwickelt ist als die untersten Seitenzweige) in Erscheinung. Meist sind sie zunächst grün mit weißlich-gelben Staubbeuteln, später dann lange Zeit braun. Im Gegensatz zu den Süßgräsern sind bei den Riedgräsern eingeschlechtliche Blüten nicht selten. Man sieht dann die männlichen Blüten am Ende des Stengels über den weiblichen Blüten stehen, mitunter durch leuchtend gelbe Pollensäcke auffallend. Die echte kleine Einzelblüte ist natürlich ganz anders als bei den Gramineae, weshalb die Riedgräser auch nicht zu den richtigen Gräsern gezählt werden können.

Hinsichtlich der Standorte haben die Sauergräser nicht die Besiedlungsbreite wie die Süßgräser, ihr eigentliches Reich sind Moore und Riede (Verlandungszonen). Bemerkenswert viele Arten kommen auch in Wäldern vor, wo sie meist

Links: Blüte von
Carex pseudocyparus **mit männlichen Blüten über den weiblichen.**
Rechts: Blütenstände von Sauergräsern.

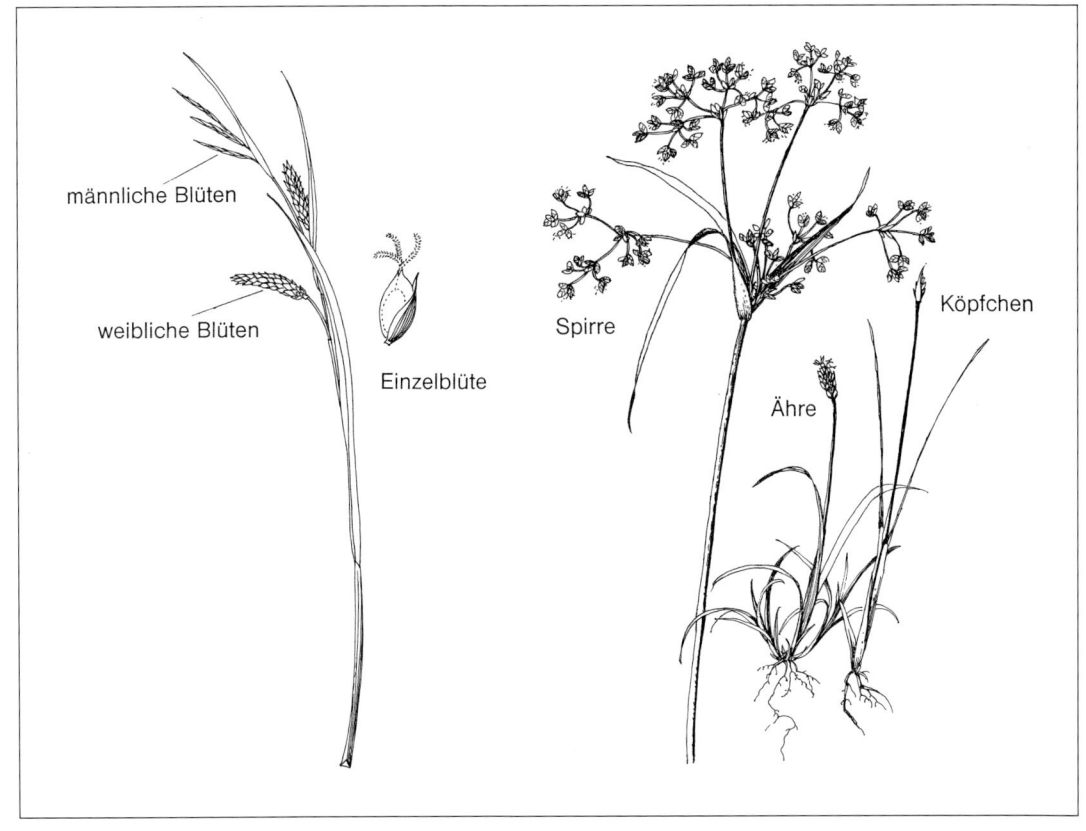

männliche Blüten

weibliche Blüten

Einzelblüte

Spirre

Ähre

Köpfchen

Luzula pilosa mit
Blüte in Form einer
Spirre und *Juncus
conglomeratus* mit
Blüte. Schnitt durch
einen Halm von
Juncus inflexus.

Luzula
Fotos Seite 36
und Seite 38

Juncus
Foto Seite 35

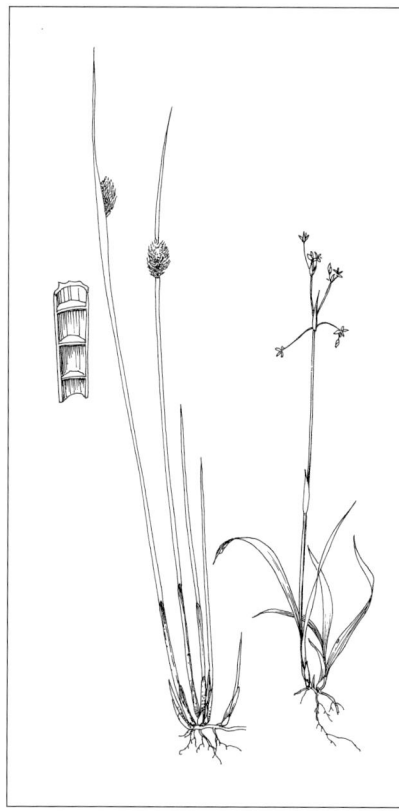

feuchte Standorte bevorzugen. Auch hier gibt es wieder eine Ausnahme: Wer sich einmal bei einem Urlaub an der sandigen Nord- oder Ostseeküste umgesehen hat, wird *Carex arenaria* bemerkt haben, die mit langem Wurzelstock schnurgerade durch den lockeren, warmen Sand wächst und zur Dünenbefestigung angepflanzt wird.

Die zweite Gruppe der unechten Gräser sind die Juncaceae, die Binsengewächse. Für uns ist die schöne Gattung *Luzula* (Simse oder Marbel) besonders wichtig, die uns so manche immergrüne Bodendecke in schattigen Bereichen ermöglicht. Ihr Blütenstand ist meist der einer Spirre, die Blätter sind bandartig, breit und zumindest jung mehr oder weniger behaart.

Die andere in Deutschland verbreitete Gattung ist *Juncus*, die Binse, die überwiegend feuchte und nasse Standorte besiedelt. Die Halme sind meist rund, hohl oder markgefüllt, fast jeder trägt einen Blütenstand, oft im oberen Drittel der ganzen Länge, so daß nur wenig echte Blätter, in diesem Fall blütenlose Halme, ausgebildet werden.

89 Gräserporträts von A–Z

Besondere Hinweise zu den Pflanzenbeschreibungen

Den meisten Gräserbeschreibungen auf den folgenden Seiten sind zu Anfang kurze Hinweise über den Standort in der Heimat, also das natürliche Vorkommen vorangestellt. Sie sollen eine Anregung sein, beim Lesen in Gedanken auf dem Globus spazieren zu gehen und sich die jeweiligen Situationen vorzustellen; mancher kennt sie vielleicht aufgrund einer Reise dorthin und erinnert sich an Pflanzen und Pflanzenkombinationen, denen er dort begegnete. Diese Angaben sollen helfen, Gräser im Garten richtig zu verwenden. Dabei geht es nicht so sehr um die Bodenverhältnisse, denn da sind unsere Gartengräser nicht sehr heikel — mit Ausnahme der wenigen Arten, die gerne »hungern« möchten — als vielmehr um die Zuordnung zu anderen Pflanzen, zu ihren Begleitern, mit deren Hilfe wir eine gewisse Ausdruckskraft oder Stimmung einer Pflanzung hervorrufen oder unterstreichen können.

Folgende Angaben sind in den Beschreibungen zu finden: Wissenschaftlicher Name, Familie, deutsche Bezeichnung. Botanische Namen in Klammern sind Synonyma, das heißt sie sind zwar noch geläufig, aber nicht mehr korrekt.

Ein (S) bei der Beschreibung der Blütenstände oder Blatthalme bedeutet: zum Schnitt geeignet.

Bei Gräsern, die von der Internationalen Staudenunion als robust und wertvoll ausgewählt wurden, steht in Klammern die Bezeichnung ISU.

Zur Wuchshöhe der Blatthorste und Blütenstände findet man in der Literatur und in den Gartenkatalogen sehr unterschiedliche Angaben. Differenzen von 20–30 cm sind nicht selten. Dies hängt mit Sicherheit vom Standort und der Nährstoffversorgung ab. Die Angaben in diesem Buch liegen eher im unteren Bereich des Möglichen, so wie sie dem Aussehen des Grases am Naturstandort am ehesten entsprechen dürften (siehe auch Kapitel Pflege, Seite 87). Stehen bei einer Sorte zwei Höhenangaben, kenn-

Wuchsformen von Gräsern: sich langsam ausbreitend, horstig wachsend, Ausläufer treibend.

zeichnet die erste Zahl die Blattschopfhöhe, die zweite die Blütenhalmhöhe.

Die Blütezeit ist mit römischen Ziffern für die Monate angegeben. Eine Blütezeit von VI—IX bedeutet dabei nicht die reine Blühdauer, sondern die Zeit, während der Blütenstand und Fruchtstand ansehnlich und dekorativ wirken.

Achnatherum
Fotos Seite 61, 63

Charakteristische Gräser für offene, sonnige Freiflächen sind *Andropogon, Miscanthus, Melica.*

Achnatherum calamagrostis

Gramineae
Goldährengras, Föhngras

Ausdauerndes Einzelgras, das aus den warmen Felstälern und Geröllhalden Mittel- und Südeuropas stammt. Seine dekorativen, dichten graugrünen Blatt-

horste erreichen eine Höhe von 60 cm und sind über lange Zeit ansehnlich.

Feingliedrige Blütenrispen (S) stehen auf straff aufrechten Halmen, die Ährchen färben sich zur Blütezeit silberweiß, später hellbraun und halten den ganzen Winter über. Sie sollten deshalb erst im Frühjahr zurückgeschnitten werden. Höhe 90 cm, Blütezeit VI—IX (ISU).

'Lemperg' ist im Wuchs ähnlich, nur kompakter und haltbarer, Ähren goldbraun, Höhe 40—70 cm.

A. brachytricha, Blatt grün, 50 cm hoch, Blüte rosagrün, 70 cm, VIII-IX.
Standort: sonnige, warme Plätze auf nicht zu nährstoffreichen, trockenen und durchlässigen Böden. Freiflächen.
Vermehrung: am besten durch Teilung.

Agropyron magellanicum

Gramineae
Magellan-Blaugras

Ausdauerndes Gras, das in lockeren Horsten auf sandigen oder felsigen Plätzen an der Küste Feuerlands natürlich vorkommt. Der hübsche blaugrüne Grasbusch hat ab Mai weiß bereifte, im Spätherbst und Winter grüne Blätter von 40 cm Höhe. Falls gewünscht, Rückschnitt im Frühjahr. Der Blütenstand (S) ist relativ schmal-buschig, Ährchen am Halm ansitzend, zunächst blaugrün, bald strohgelb, Höhe 80 cm, nach dem Verblühen nicht mehr zierend, es empfiehlt sich, die Halme herauszuschneiden.
Standort: sandig-humose, frische Böden, jedoch mit gutem Wasserabzug, keine Winternässe, in sonniger Lage. Freiflächen mit Beetcharakter.
Vermehrung: Teilung, auch Aussaat.

Agrostis nebulosa

Gramineae
Straußgras

Dieses einjährige, zierliche Horstgras stammt aus dem Mittelmeerraum, aus Spanien, Portugal, Marokko. Man kann es einzeln oder auch flächig verwenden, wobei die Vielzahl der zarten Blütenrispen tatsächlich den Eindruck eines Nebelschwadens erweckt.

Der Blattschopf wird nur 20 cm hoch, die Blätter sind schmal, zusammengerollt, fast borstenförmig. Wirkungsvolles Einzelgras. Die ungemein dünnen, feinverzweigten Blütenrispen (S) sind graugrün und tragen winzige Ährchen; sie werden 40 cm hoch und blühen von VII—IX.

Standort: humoser, nährstoffreicher Gartenboden in Sonne oder Halbschatten; Lebensbereich Beet.

Vermehrung: durch Aussaat Anfang April unter Glas, Auspflanzen in kleinen Büscheln ab Mitte Mai.

Andropogon gerardii

Gramineae
Präriebartgras

Natürlich kommt dieses ausdauernde Horstgras auf den Prärien Nordamerikas vor, wo es zusammen mit *Sorghastrum nutans* und *Panicum, Lespedeza* und *Symphoricarpus* wächst. Es bildet kräftige, 90 cm hohe Horste, die Blätter sind zunächst frischgrün, ab August lebhaft rotbraun gefärbt. Sie stehen aufrecht, im oberen Drittel bogig überhängend.

An aufrechten Halmen, die im Laufe der Entwicklung trichterförmig auseinanderfallen, bildet sich der lockere, silbriggrüne Blütenstand (S), der in dekorativem Kontrast zu den rötlichen Halmen steht. Er erreicht eine Höhe von 150 cm; Blütezeit VIII—X.

Standort: sandig-humose, durchlässige Böden an sonnigen, warmen und trockenen Plätzen: Freiflächen mit Steppenheidecharakter und trockenen Böden.

Vermehrung: durch Aussaat oder Teilen nur im Frühjahr.

Arrhenatherum elatius ssp. bulbosum 'Variegatum'

Gramineae
Weißbunter Knollen-Glatthafer

Ein ausdauerndes, lockerhorstiges Gras. Die Art kommt von West-Europa bis West-Sibirien, aber auch in Nord-Afrika und auf den Kanarischen Inseln häufig vor und ist ein geschätztes Futtergras. Die Internodien an der Halmbasis sind knollig verdickt. Der weißbunte Knollen-Glatthafer kann einzeln oder in kleinen Gruppen verwendet werden.

Der Blattaustrieb erfolgt sehr früh. Die hübschen, weiß gebänderten Blätter sind deshalb spätfrostgefährdet. Der ausgewachsene Blattbusch wird 20 cm hoch, Halme locker nach außen gebogen.

Der aufrechte Blütenstand ist eine seitlich zusammengedrückte Ähre, 50 cm hoch, nicht so dekorativ wie das Blatt, deshalb sollte ein Rückschnitt nach der Blüte erfolgen. Blütezeit VI—VIII.

Standort: frische, auch einmal austrocknende Böden in Sonne und Halbschatten. Freiflächen mit Beetcharakter.

Andropogon gerardii steht am liebsten frei, wie in der Prärie Wind und Sonne ausgesetzt, es kann seine Herkunft nicht verleugnen.

17

kungsvollsten. Er breitet sich langsam durch kurze, dicke Rhizome aus und kann an warmen, geschützten Plätzen ein hohes Alter erreichen. Die Halme bleiben sehr lange grün, sollten jedoch im späten Frühjahr bis kurz über den Boden zurückgeschnitten werden.

Interessant als Kübelpflanze ist die weißbunte Form 'Versicolor'. Sie ist nicht winterhart. (Foto Seite 19)

Standort: nährstoffreiche, warme, vollsonnige Plätze. Während der Vegetationszeit im Mai bis Juli ist ausreichend zu wässern. Wurzelbereich im Herbst mit Laubstreu abdecken.

Vermehrung: durch Abtrennen der Rhizome im Frühjahr.

Bouteloua oligostachya (Bouteloua gracilis)

Gramineae
Moskitogras

Ausdauerndes Horstgras aus den trockenen Prärien Nordamerikas, einzeln oder in lockeren Gruppen zu verwenden.

Blätter schmal, aufrecht, im Alter von der Spitze her eingerollt, 15 cm hoch, Blütenhalme straff aufrecht, wenig beblättert. Der Blütenstand ist eine waagerecht zur Seite geknickte braungrüne Ähre, die bei Reife die Form einer Augenbraue annimmt. Höhe 40 cm, Blütezeit VII–IX, der aparte Fruchtstand bleibt auch danach noch eine Zierde.

Standort: offene, sonnige Gartenplätze, an denen es sehr trocken werden darf. Nach Wassergaben erholt sich das Gras. Steinanlagen mit schotterreichem Boden.

Vermehrung: durch Teilung oder Aussaat, Pflanzung am besten mit Topfballen.

Arrhenatherum elatius ssp. *bulbosum* 'Variegatum' bildet lichte, lockere Halmbüsche, die sich gut mit Rosen kombinieren lassen.

Vermehrung: durch Teilung nur im Frühjahr, Pflanzen mit Topfballen.

Arundo donax

Gramineae
Riesenschilf, Pfahlrohr

Das bei uns mit leichtem Winterschutz ausdauernde Gras stammt aus Südeuropa. Es kommt nur dort zur Blüte.

Seine Triebe sind kräftig, 2–3 cm stark und erreichen 3 m Höhe. Der gesamte Stengel ist wechselseitig mit 5–6 cm breiten, graugrünen, schilfähnlichen Blättern besetzt. Der mächtige Grasbusch ist solitär verwendet am wir-

Briza maxima

Gramineae
Riesenzittergras

Einjähriges Horstgras aus dem Mittelmeerraum. Es ist im ganzen ähnlich *B. media*, nur größer als dieses.

Die Blätter sind saftiggrün, leicht be-haart und werden 25 cm hoch. Nach der Reife der Früchte vergilben auch sie rasch. Die Blütenrispen (S) tragen weni-ge, aber große, herzförmige Ähren. Diese sind zunächst glänzendgrün, später gelb-weiß. Höhe 40 cm, Blütezeit VI—VIII.
Standort: nährstoffreiche Böden in vol-ler Sonne, auch noch im Halbschatten.
Vermehrung: Freilandaussaat Anfang April an Ort und Stelle in kleinen Grup-pen.

Briza media

Gramineae
Zittergras

Heimisches, ausdauerndes Gras mit kur-zen Ausläufern. Es kommt außer in Euro-pa auch in Kleinasien und Nord-Amerika vor. Wo es massenweise auftritt, ist es ein Anzeiger für Magerstandorte. Im Garten sollte man es locker, fast einzeln verwenden, damit der grazile Blüten-stand zur Geltung kommt.

Die frischgrünen Blätter bilden lichte, etwas dürftige Horste von 20 cm Höhe.

Der Blütenstand (S) ist locker, breitpyra-midal aufgebaut und trägt die allbekann-ten herzförmigen Ährchen an dünnen, hin- und hergebogenen Ästchen. Höhe 30 cm, Blütezeit VI—VII. Ein Rückschnitt empfiehlt sich, wenn die Blütenhalme unansehnlich geworden sind.
Standort: trockene bis frische Böden, bevorzugt humose, nicht zu nährstoffrei-che Lehmböden in Sonne und lichtem Schatten. Am Naturstandort geschützt. Durch Düngung der Weiden in der frei-en Natur weitgehend verschwunden. Für Freiflächen mit Steppenheidecharak-ter.
Vermehrung: durch Teilung oder Aus-saat im Frühjahr.

Calamagrostis × acutiflora 'Karl Foerster'

Gramineae
Reitgras, Gartensandrohr

Ein anspruchsloser, nicht wuchernder und dekorativer Wildbastard aus *C. arun-dinacea* und *C. epigejos*, beide in Eura-sien weit verbreitet. Das Gras kann ein-

Links: Hochsom-merlicher Aspekt von Einjahresgrä-ser. Wie hier das Zittergras, werden sie mehr oder weni-ger schnell braun, bleiben aber als Farb- und Struktur-träger erhalten.

Rechts: Die weiß-bunte Form des Pfahlrohrs *Arundo donax* 'Versicolor' wird nicht so hoch wie die Art, sie ist empfindlicher und sollte nur frostfrei überwintert wer-den.

Calamagrostis Foto Seite 20

Sehr dominant ist die straff aufrechte Gestalt von *Calamagrostis* × *acutiflora* 'Karl Foerster', hier in ihrer spätsommerlichen Färbung.

zeln oder in Gruppen verwendet werden und gehört zum Standardsortiment der ISU.

Der Blattaustrieb erfolgt sehr früh, saftig grün, später braungrün; einige Blätter stehen steif aufrecht, andere sind herabgebogen, die Herbstfärbung ab September ist leuchtend gelb. Höhe des Blattbusches 60 cm.

Die Blütenrispen (S) schieben sich steil aufrecht aus dem Blattschopf heraus. Sie sind während der Hauptblütezeit grünbraun und breit gefächert, später gelbbraun und schmal und bis in den Winter hinein haltbar. Höhe 100 cm, Blütezeit VII–VIII.

Standort: keine besonderen Bodenansprüche; bei sonnigem Stand wächst die Pflanze steil aufrecht, im Schatten bleibt sie weich und lagert unter Umständen. Die straffe, etwas steife Pflanzengestalt ist sehr ausdrucksvoll und bedarf besonderer Plazierung und geeigneter Nachbarn, etwa auf Freiflächen mit trockenen bis frischen Böden.

Vermehrung: nur durch Teilung im Frühjahr.

Carex buchananii

Cyperaceae
Rotbraune Segge

Ausdauerndes, horstiges Gras zur Einzelstellung, das an Flußufern Neuseelands zu Hause ist. Die Blätter sind ganzjährig rotbraun, sehr schmal, aufrecht und in der oberen Hälfte spiralig gedreht. Sie sind auch im Winter sehr zierend. Höhe 40 cm.

Der Blütenstand besteht aus 4 bis 5 kolbenförmigen Ähren, die am Halmende beisammenstehen. Nicht sehr auffallend. Höhe 50 cm, Blütezeit VI–VII.

Standort: sonnig, nicht zu trocken, auch wasserzügig. Keine besonderen Bodenansprüche. Lebensbereich: Freiflächen und Steinanlagen mit frischem Boden.
Vermehrung: durch Teilung und Aussaat.

Carex × digitata 'The Beatles'

Cyperaceae
Schopfsegge

Ein ausdauernder Abkömmling der heimischen Finger-Segge, der lockere, breite Horste bildet, die sich durch kurze Rhizome langsam vergrößern. Hübsches wintergrünes Gras für kleinflächige Pflanzung im Gehölzbereich.

Die Blätter sind frischgrün, später dunkelgrün, weit überhängend, lassen sich wie ein unordentlicher Haarschopf scheiteln; Höhe 20 cm.

Wenige Blütenhalme, Ährchen fingerartig angeordnet, bräunlich. Samen werden durch Ameisen verbreitet. Höhe 35 cm, Blütezeit III—IV.
Standort: lehmig-humose, auch kalkhaltige, steinige Böden im Halbschatten bis Schatten. Lebensbereich: leicht sonnig bis absonniger Gehölzrand und Freiflächen mit Steppenheidecharakter.
Vermehrung: durch Teilung im Frühjahr.

Carex elata 'Bowles Golden'

Cyperaceae
Goldgelbe Wasserbültensegge

Ausdauernde, goldgelbe Form der in ganz Europa heimischen Steifen Segge, *C. elata*. Im Gegensatz zu ihr, die auf nährstoffreichen, schlammig-torfigen Böden an Bachufern, Teichen und Seen vorkommt, ist die Form 'Bowles Golden' ein wertvolles, horstbildendes Gras zur Einzel- oder Gruppenpflanzung im Halbschatten.

Blätter scharf dreikantig, gelb mit grünem Rand, wintergrün. Höhe 40 cm. Blütenähren dicht, walzenförmig, zu mehreren am aufrechten Halm. Höhe 50 cm, Blütezeit IV—V.
Standort: humose, frische bis feuchte Böden in Sonne und Halbschatten; je sonniger, desto feuchter sollte der Platz

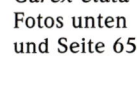

Carex elata
Fotos unten und Seite 65

Links: Weich und lang sind die Halme von *Carex × digitata* 'The Beatles'; sie lassen sich in verschiedenste Formen legen.

Rechts: Der leuchtend gelbgrüne Grasbusch von *Carex elata* 'Bowles Golden' hebt sich besonders vor dunkellaubigen Gehölzen sehr gut ab.

sein. Lebensbereich: sonniger bis absonniger Gehölzrand.

Vermehrung: durch Teilung im Frühjahr.

Carex grayi

Cyperaceae
Morgensternsegge

Dieses ausdauernde, horstbildende Gras ist ein Gast aus den Sumpfgegenden des südwestlichen Nord-Amerika. Es ist gleichermaßen zur Einzelstellung und zur Gruppenpflanzung geeignet.

Die hellgrünen Blätter sind breit, gekielt, etwas steif bogig überhängend, Höhe 60 cm. Sehr zierend ist der eigentümliche Fruchtstand (S), bei dem die Einzelfrüchte der Ähren von blasig aufgetriebenen Hüllen umgeben sind, die dem ganzen das Aussehen einer Stachelkeule, eines Morgensterns verleihen und dem dekorativen Gras den Namen gegeben haben. Höhe 50 cm, Blütezeit VI–VIII. Auch nach der Blüte im Herbst noch lange dekorativ.

Standort: wenig anspruchsvoll an den Boden. Verträgt sowohl nasse, als auch feuchte und sogar trockene Plätze in Sonne und Halbschatten. Lebensbereich: Freiflächen mit Staudencharakter und frischem bis feuchtem Boden, auch am Wasserrand.

Vermehrung: Teilung und Aussaat.

Carex hachijoensis 'Evergold' (C. morrowii 'Ingwersen')

Cyperaceae
Japansegge

Ausdauerndes, horstig wachsendes Gras aus Japan, für kleine Gruppen und zur Einzelstellung.

Die wintergrünen, hübsch nach unten gebogenen Blätter tragen einen breiten gelben Mittelstreifen, die zierlichen Horste werden 20 cm hoch. Die Blütenstände, kleine knollenförmige Ährchen zu mehreren auf dünnen Stielen, sind wenig bedeutungsvoll. Höhe 30 cm, Blütezeit IV–V.

Standort: normaler, humoser Boden im Schatten oder Halbschatten, Schutz vor Wintersonne, Lebensbereich: unter Gehölzen und an Gehölzrändern.

Vermehrung: durch Teilung im Frühjahr.

Carex montana

Cyperaceae
Bergsegge

Aus den lichten Laubwäldern, Gebüschen und Halbtrockenrasen der wärmeren Regionen Mitteleuropas und Mittelasiens stammt dieses kleine ausdauernde Gras, das sich vorzüglich zur Unterpflanzung am warmen Gehölzrand eignet. Es gehört zum Standardsortiment der ISU.

Die sehr früh und frischgrün austreibenden Blätter werden schmal und lang und hängen stark nach außen, wodurch die Horste recht flach wirken (Höhe 10 cm). Im Laufe der Jahre entwickeln die Horste sich vor allem an der Außenseite, so daß sogenannte Hexenringe entstehen. Dann sind die Pflanzen zu teilen und neu zu pflanzen. Die Herbstfärbung ist schön goldbraun.

Blütenstand pinselartig auf dünnen Stielen, dunkelbraun, männliche Blüten schwefelgelb. Höhe 25 cm, Blütezeit III–IV.

Oben: Bizarr wirken die Halme einer jungen Pflanze von *Carex morrowii* 'Variegata', im Alter legen sie sich bogig nach außen und bilden einen eher gemütlichen, runden Grasbusch.

Rechte Seite: Oben: Sehr geschlossen wirkt eine Gruppe der Palmwedelsegge, *Carex muskingumensis*; ältere Pflanzen können recht große Flächen einnehmen.

Unten: Man sollte den Platzbedarf von *Carex pendula* nicht unterschätzen. Die Riesensegge liebt sonnige Stellen zwischen Gehölzen oder am Gehölzrand.

Standort: bevorzugt lehmig-humose, kalkhaltige Böden in warmen Halbschattenlagen aber auch trockenere lehmig-steinige Böden in der Sonne. Am Naturstandort Bodenverdichtung anzeigend. Lebensbereiche: Steinanlagen und sonniger Gehölzrand.
Vermehrung: durch Teilung oder Aussaat, Pflanzung mit Topfballen.

Carex morrowii 'Variegata'

Cyperaceae
Weißbunte Japansegge

Dieses dichthorstige Gras aus Japan ist schon sehr lange in Kultur. Es ist zur Einzelstellung oder in kleinen Gruppen zur Gehölzunterpflanzung geeignet. Blätter immergrün, steif und ledrig, glänzend dunkelgrün mit seitlichen gelblichen Streifen. Sie sind elegant nach außen gebogen und bilden einen kräftigen Horst von 30 cm Höhe. Die Blüten stehen kaum über dem Laub, es sind 3 bis 4 Ährenbüschel an steifen Stengeln, Höhe 35 cm, Blütezeit IV–V.
Standort: humose, frische bis feuchte Böden in Halbschatten bis Schatten. Bei

zu sonnigem, trockenen Stand wird das Blatt hellgrün und fleckig, auch Wintersonne schadet den Blättern. Lebensbereich: unter Gehölzen oder im schattigen Gehölzrand.
Vermehrung: durch Teilung mit Vorkultur im Topf.

Carex muskingumensis

Cyperaceae
Palmwedelsegge

Noch nicht lange ist dieses Gras von feuchten Wiesen und Waldrändern aus Nord-Amerika bei uns in Kultur. Es bildet dichte, geschlossene Horste, die in Gehölznähe oder am Wasserrand Verwendung finden können.
   Die Stengel sind auf ganzer Länge mit schmalen, überhängenden Blättern besetzt, so daß ein einzelner Halm fast wie ein Palmwedel wirkt. Der Grasbusch als Ganzes wirkt etwas blockhaft. Höhe 60 cm. Die kleinen braunen Blütenköpfchen erheben sich kaum über dessen Oberseite. Höhe 65 cm, Blütezeit VII–VIII.
Standort: lehmig-humose, feuchte Böden in Sonne und Halbschatten. Lebensbereich: Gehölzränder, Freiflächen mit frischem bis feuchtem Boden und am Rand von Gewässern.
Vermehrung: durch Teilung oder Aussaat.

Carex ornithopoda 'Variegata'

Cyperaceae
Weißbunte Vogelfußsegge

Die Art ist in warmen Kiefern- und Eichenwäldern in Skandinavien wie auch in Südost-Europa zu Hause. Es ist ein zartes, aber auffallendes, horstbildendes Gras für den Gehölzrand.
   Die Blätter sind schmal, weich überhängend, tragen einen deutlichen weißen Mittelstreifen und sind in Lagen ohne strenge Barfröste wintergrün. Höhe 15 cm.

Die Blütenährchen sind dünn, zu mehreren vogelfußartig zusammenstehend, Höhe 20 cm, Blütezeit V–VII.

Sehr ähnlich ist *Carex conica* 'Variegata' aus Japan.

Standort: warme, humose, mehr oder weniger kalkhaltige Böden im lichten Schatten. Lebensbereich: Gehölzrand und lichte Gehölze.

Vermehrung: durch Teilung.

Carex pendula

Cyperaceae
Riesensegge

Die Riesensegge ist in feuchten, quellenreichen Schluchten der europäischen Buchenwälder, in Eschen- und Ahornwäldern auch der Bergregionen zu Hause. Es ist ein stattliches, ausdauerndes Gras, das im Laufe der Jahre große, elegante Horste bildet. Einzeln oder in kleinen Gruppen zu verwenden. Es gehört zum Standardsortiment der ISU.

Die wintergrünen, glänzenden Blätter sind 2 cm breit, mit kräftigen Rinnen und weit überhängend, oberseits saftiggrün, unterseits blaugrün. Sollten sie nach kalten, sonnigen Wintern erfroren sein, treiben sie auch nach völligem Rückschnitt wieder aus. Höhe 50 cm.

Die dichtstehenden Ähren sind walzenförmig angeordnet und hängen an kurzen Stielen senkrecht von den weit übergebogenen Blütenhalmen herab; sie erreichen eine Höhe von 100 cm; Blütezeit VI–VIII.

Standort: kalkarme, humose, luft- und bodenfeuchte Plätze im Halbschatten, möglichst ohne Zugluft und Wintersonne. Lebensbereich: Gehölze und Gehölzränder, am Rand von Gewässern.

Vermehrung: durch Teilung oder Aussaat.

Carex plantaginea

Cyperaceae
Breitblattsegge

Dauerhafte, breite Horste bildet dieses Gras aus Nord-Amerika. Es eignet sich zur Bepflanzung kleinerer und auch größerer Flächen.

Die wintergrünen Blätter sind 2,5 cm breit, hellgrün und auffallend flach nach außen gebogen; Höhe 20 cm.

Die dunkelbraunen Blütenähren sind sehr schmal und spitz und sitzen am Ende der dünnen, überhängenden Halme; Höhe 25 cm; Blütezeit IV—V.
Standort: sandige oder lehmige, möglichst saure Waldhumusböden in Halbschatten oder Schatten, auch im absonnigen Steingartenbereich. Lebensbereich: Gehölze und Gehölzränder.
Vermehrung: durch Teilung oder Aussaat, Pflanzung möglichst mit Topfballen.

Carex pseudocyperus

Cyperaceae
Zypergrassegge

Ausdauerndes heimisches Gras, verbreitet in warmen und gemäßigten Zonen der Nordhalbkugel an Teichen und in Sümpfen. Es wächst horstig und verträgt zumindest zeitweilige Überstauung.

Blätter flach, bis 1 cm breit, hellgrün, am Rand scharf rauh, locker überfallend. Höhe 40 cm.

Blütenhalm dreikantig, schräg aufwärts gerichtet. Die weiblichen Blüten, 4 cm lang, hängen an langen Stielen einseitig am Halm herab; zunächst grün, dann braun, bis zum Herbst zierend. Oberste männliche Blüte schmal, rötlichbraun. Höhe 80 cm, Blütezeit VI—IX.
Standort: nasse, zeitweilig überschwemmte, nährstoffreiche und kalkreiche Böden in warmen Lagen. Lebensbereich: im flachen Wasser oder am Wasserrand.
Vermehrung: durch Teilung und Aussaat.

Carex umbrosa

Cyperaceae
Schattensegge

Ein ausdauerndes Gras, das in vielen Laubmischwäldern Zentraleuropas zerstreut vorkommt. Es verträgt den Wurzeldruck älterer Gehölze und ist daher zur flächigen Unterpflanzung von Gehölzen bestens geeignet.

Die Blätter sind deutlich dreikantig, schmal, wintergrün. Der junge Austrieb wächst zunächst aufrecht, dann biegen sich die Halme nieder und bilden einen flächendeckenden, dichten Horst. Höhe 20 cm.

Die Blütenähren sind kolbenförmig, rotbraun und sind an aufrechten, über dem Horst stehenden Stielen angeordnet. Höhe 30 cm, Blütezeit IV—VI.
Standort: frische, humose Lehmböden im Halbschatten. Lebensbereich: Gehölze und Gehölzränder.
Vermehrung: durch Teilung oder Aussaat.

Cortaderia selloana

Gramineae
Pampasgras

Dieser Fremdling aus den Steppen Argentiniens und Uruguays ist bei uns nur bedingt winterhart. Es ist ein mächtiges, horstbildendes Gras zur Einzelstellung.

Nach dem Rückschnitt der vorjährigen Blätter im April treibt das Gras ab Mai seine graugrünen, schmalen und scharfkantigen Blätter, die weit überhängen. Höhe 80 cm.

Die Blütenhalme werden über 2 m hoch (S); sie tragen große, silberweiße weibliche Blütenrispen, die wie seidige Federbuschen wirken.

'Pumila' ist eine kompakte, reichblühende Sorte von nur 150 cm Höhe, 'Sunningdale Silver' ist ein Klon, dessen lockere reinweiße Blütenstände gut über dem Laub stehen; Höhe 250 cm. Blütezeit IX—X.

Standort: nährstoffreiche, tiefgründige, im Sommer feuchte aber durchlässige Böden in voller Sonne. Im Winter Halmbüschel nach oben zusammenbinden, Pflanze mit Laubschicht umgeben und wasserdicht abdecken. Lebensbereich: Freiflächen mit Staudenbeetcharakter und frischen Böden.

Vermehrung: nur durch Teilung im Frühjahr; braucht viel Wärme zum Anwachsen. Womöglich auch Klonvermehrung.

Cyperus longus

Cyperaceae
Langes Zypergras

Einziges Sumpfgras aus der großen, in den Tropen und Subtropen verbreiteten Gattung der Zypergräser (auch *Papyrus* und die Erdmandel, *Cyperus esculentus,* gehören dazu), das bei uns winterhart ist. Dekoratives, schwach Ausläufer treibendes Gras für feuchte Stellen.

Blätter leuchtend grün, deutlich gekielt, bogig überhängend; Höhe 70 cm.

Stengel dreikantig, an der Spitze drei ungleich lange Stengelblätter und die lockeren braunen Ährenbüschel tragend; Höhe 90 cm, Blütezeit VII—IX.

Standort: nasse und sumpfige Plätze in voller Sonne, auch im Wasser, von 10—40 cm Tiefe. Auch für Miniteiche geeignet. Lebensbereich: im Wasser und am Wasserrand.

Vermehrung: durch Teilung, Pflanzzeit von Mai—August.

Dactylis glomerata 'Variegata'

Gramineae
Weißbuntes Knäuelgras

Panaschierte Form des heimischen horstigen Knäuelgrases, das als ertragreiches Futtergras bekannt ist. Nicht sehr langlebig.

Die früh austreibenden Blätter sind weich, hellgrün und weiß längsgestreift, Höhe 25 cm.

Die Blüte ist unbedeutend und sollte vor der Samenreife abgeschnitten werden, da Sämlinge wieder in die grüne Art zurückfallen.

Standort: nährstoffreiche, frische Böden in voller Sonne. Lebensbereich: Freiflächen mit Staudenbeetcharakter.

Vermehrung: nur durch Teilung.

Deschampsia cespitosa

Gramineae
Rasenschmiele

Ein Kosmopolit, der auf der gesamten Nordhalbkugel, in Afrika und Neuseeland vorkommt und in der Natur ein Anzeiger für verdichtete Böden mit Staunässe ist, im Garten ein herrliches Gras zur Einzelstellung.

Die Blätter sind schmal, tragen 7 sehr rauhe Rippen auf der Oberseite und haben einen schneidend rauhen Rand. Sie hängen weit über und bilden prächtige Horste. Bei Dürre sind die Blätter eingerollt. Höhe 40 cm.

Eine besondere Zierde sind die Blütenrispen (S). Sie sind breitpyramidal, locker und zierlich, vor und nach der Blüte wenig zusammengezogen. Zunächst grün, später hellbraun, ab August vergilben sie, sind aber auch dann noch dekorativ. Höhe 100 cm, Blütezeit VII—IX.

Besonders schön sind folgende Sorten:

'Bronzeschleier' hat kompakte Blatthorste und goldbraune Blütenrispen bereits ab Ende Mai, Höhe 70 cm.

'Goldschleier' hat hellgelbe Blütenrispen ab Juni, Höhe 80 cm.

'Tardiflora' ist von gedrungenem Wuchs und hat hellgrüne Blüten ab Juli, Höhe 70 cm.

'Tauträger' beginnt erst ab August zu blühen, seine gelbgrünen Rispen stehen am Ende steifer, aufrechter Halme; Höhe 80 cm; sie sind haltbarer als die übrigen.

'Fairy Joke' ist eine kuriose vivipare Sorte, das heißt, die lockere Blütenrispe trägt keine Samen, sondern bereits fertige Gräserkindel. Wegen ihres Gewichtes

'Tardiflora'
Foto Seite 28

Die zarten Blüten-
rispen von
*Deschampsia cespi-
tosa*, hier die Sorte
'Tardiflora', bringen
Licht und Leichtig-
keit in schattige
Bereiche.

biegen sich die Halme meist bis zum Boden.

Standort: keine besonderen Bodenansprüche; sonnige bis halbschattige Plätze
auf feuchten, auch staunassen Böden. Lebensbereich: Gehölzränder und Freiflächen.

Vermehrung: Obwohl die Versuchung
groß ist, verschiedene, nach Blütezeit ge-
staffelte Deschampsia-Sorten einander
zuzuordnen, sollte man dies nicht tun,
denn sie bestäuben sich gegenseitig, so
daß man nach einigen Jahren ein großes
Durcheinander an Sämlingen erhält. Vermehrung deshalb nur durch Teilung im
Frühjahr. Pflanzung mit Topfballen.

Eragrostis curvula

Gramineae
Liebesgras

Dieses wunderschöne Horstgras aus tro-
pisch warmen Ländern ist als Ziergras
bei uns leider noch sehr wenig bekannt.
In seiner Heimat gilt es als gutes Weidegras und wird wegen seiner tiefreichen-
den Wurzeln auch als Erosionsschutz angepflanzt.

Der üppige Blattbusch aus recht feinen, spitz zulaufenden, rauhen Blättern
von grüngrauer Farbe wirkt mächtig und
leicht zugleich. Er hat ein rasches An-

fangswachstum und wird bis 50 cm hoch.

Ein Rückschnitt im Frühjahr ist angebracht. Alte Pflanzenhorste werden von innen kahl, sind dann möglichst umzupflanzen.

Blütenrispen an aufrechten oder leicht überhängenden Halmen sind 25 cm lang und fast ebenso breit. An warmen Standorten folgen bis zum Herbst immer wieder neue nach. Höhe 100 cm, Blühbeginn Juni.

Standort: lehmig-humose Sande an frischen bis feuchten Plätzen in der Sonne. Empfindlich gegen Winternässe. Lebensbereich: Freiflächen mit Staudenbeetcharakter.

Vermehrung: Aussaat günstiger als Teilung.

Eriophorum latifolium

Cyperaceae
Breitblättriges Wollgras

Heimisches Wollgras aus alkalischen Niedermooren und Riedwiesen. Es ist ein ausdauerndes, horstartig wachsendes Sumpfgras. Seine Wollhaare wurden früher als Kissenfüllungen verwendet. Seine hellgrünen, flach lanzettlichen Blätter werden etwa 1 cm breit und haben eine deutliche Dreikantspitze. Höhe 40 cm.

Der Blütenstand (S) auf dreikantigem Stengel setzt sich aus 5 bis 12 zunächst aufrechten, dann herabhängenden Ährchen zusammen, der Fruchtstand ist seidig weiß. Höhe 60 cm, Blütezeit IV–V, Wollschöpfe V–VII.

Standort: nasse Ufer-, Sumpf- und Moorbereiche mit mäßigem Kalk- und Nährstoffgehalt in der Sonne, Lebensbereich: Wasserrand. Im Gegensatz dazu ist das wuchernde *E. angustifolium* aus den nährstoffarmen, sauren Hochmooren der nördlichen Halbkugel, nur für große hochmoorähnliche Anlagen geeignet.

Eriophorum vaginatum

Cyperaceae
Scheidiges Wollgras

Circumpolar in sauren Hochmooren verbreitet. Es bildet ohne Ausläufer dichte, sich langsam vergrößernde Polster. Blätter überhängend, Höhe 30 cm.

Der bereits im Herbst vorgebildete Blütenstand schiebt sich schon im März in die Höhe. Der gelbblühenden Ähre folgt am Ende des aufrechten Stengels der seidenweiße Fruchtstand (S), der wie ein kleiner Pinsel wirkt. Höhe 50 cm, Blütezeit III–IV, Wollschopf IV–VI.

Eine Bereicherung für jeden sumpfig-moorigen Teichrand ist *Eriophorum latifolium*, zumindest zur Zeit des üppigen »wolligen« Fruchtschmuckes.

Eriophorum vaginatum
Foto Seite 82

Festuca cinerea
Weiteres Foto
gegenüber und
Seite 2
Festuca mairei
Foto Seite 64

Standort: feuchte bis nasse sauere Moorböden, auch flaches Wasser wird vertragen, dazu volle Sonne. Lebensbereich: Wasserrand.

Vermehrung: durch Teilung oder Aussaat.

Festuca amethystina

Gramineae
Regenbogenschwingel

Ausdauerndes Horstgras zur Einzelstellung und für größere Gruppen. Es kommt natürlich in lichten Kiefernwäldern und auf Trockenrasen in Südost-Europa und in der Alpenregion vor.

Die immergrünen, fein gerollten Blätter sind vorwiegend blaugrün gefärbt, es kommen jedoch auch blaue, kupferfarbene und violette Halme vor. Der Regenbogenschwingel bildet polsterförmige Horste, die sehr breit und alt werden können. Höhe 30 cm.

Die lockeren, leicht überhängenden violettbraunen Blütenrispen sollte man noch vor der Samenreife abschneiden, da sie unschön werden und zumeist unerwünschte Versamung bringen. Höhe 50 cm, Blütezeit V–VII.

Standort: sandig-humose, durchlässige, auch trockene Böden in Sonne und lichtem Schatten. Lebensbereich: Freiflächen mit Steppenheidecharakter.

Vermehrung: durch Teilung.

Wer Details liebt, wird seine Freude an dem Farbenspiel der verschiedenen Halme von *Festuca amethystina* haben, es sind fast alle Regenbogenfarben vertreten.

Festuca cinerea (F. glauca)

Gramineae
Blauschwingel

Felsfluren und steinige Trockenrasen in Mittel- und Süd-Europa bis zum Ural sind die Heimat dieses ausdauernden, kugelförmig wachsenden Grases.

Die Blätter sind schmal, blau, igelartig nach allen Seiten stehend. Sie sind empfindlich gegen Schneedruck und Sommernässe. Wuchsform und Blattfärbung können lokal sehr verschieden sein, im Winter sind sie meist grüner als im Sommer. Höhe durchschnittlich 20 cm.

Besonders schöne Blattfärbung haben folgende Sorten:

'Azurit', tiefblau, 20 cm.

'Blaufink', silberblau, 15 cm.

'Frühlingsblau', graublau, üppig, 15 cm.

'Meerblau', kräftig blau, 25 cm.

Die Färbung der Halme ist um so intensiver, je wärmer und sandiger die Gräser stehen, auf mageren Standorten verstärkt sich der wachsartige Überzug.

Blütenstand gedrungen, zur Blütezeit in der Farbe der jeweiligen Blätter, im Verblühen vergilbend (das Zuchtziel Halmfärbung maß der Blütenausbildung keine Bedeutung zu). Höhe durchschnittlich 40 cm, Blütezeit V–VII.

Standort: sandig-humose, durchlässige, auch steinige Böden in warmer sonniger Lage. Lebensbereich: Freiflächen mit Steppenheidecharakter und Steinanlagen.

Vermehrung: durch Teilung im Frühsommer nach der Blüte.

Festuca mairei

Gramineae
Atlas-Schwingel

Ein Gast aus dem Atlasgebirge, wo er Bachränder in Höhen bis über 2000 m bewohnt. Er ist bei uns ausdauernd und als dekoratives Horstgras für lockere Einzelpflanzungen zu verwenden.

Seine Blätter sind kräftig, graugrün und scharf gesägt, sie treiben sehr früh aus und bilden einen dichten, strahligen Grasbusch, der fast immergrün ist. Er ist das grüne Gegenstück zum Blaustrahlhafer. Nach ungünstigen Wintern ist ein Rückschnitt empfehlenswert. Höhe 50 cm.

Blütenrispen sehr schlank, wenig verzweigt und weit überhängend, sie vergilben recht bald. Höhe 100 cm, Blütezeit VI–VII.

Standort: frische bis sommertrockene, mäßig nährstoffreiche Böden in voller Sonne. Lebensbereich: Freiflächen mit Beetcharakter und Steinanlagen.
Vermehrung: Teilung und Aussaat.

Festuca ovina

Gramineae
Schafschwingel

Ein Gras mit sehr großem Verbreitungsgebiet; es reicht von West-Europa bis Ost-Sibirien, stellenweise bis China und Japan. Es ist sehr formenreich und kommt auf bodensauren Sand- und Halbtrockenrasen, in Heiden und in Eichen- und Kiefernwäldern vor. Ausgewählte Typen sind als Sorten im Handel.

Blätter dünn, eingerollt, grün oder blau bereift, wintergrün, dichte Horste bildend. Besondere Blattfärbung haben folgende Sorten:

'Aprilgrün', frische graugrüne Halme, 20–30 cm.

'Harz', meerblau schimmernd, 20–40 cm.

'Seeigel', meergrün, strahlig, 20–30 cm.

'Solling', frühaustreibend, graugrün, im Herbst ocker, 15–25 cm.

Die Blütenrispen sind schmal, nur wenig verzweigt und nach der Blüte meist unschön, Blütezeit VI–VII.
Standort: sandig-humose, durchlässige, saure Böden in voller Sonne. Lebensbereich: Freiflächen mit Steppenheidecharakter.
Vermehrung: Teilung im Frühjahr.

Festuca scoparia

Gramineae
Bärenfellschwingel

Naturstandorte sind nur auf Schotterflächen und Felspartien in den Pyrenäen bekannt. Von dort hat sich das polsterförmig wachsende Horstgras seinen Platz in unseren Gärten erobert. Es gehört zum Standardsortiment der ISU.

Die nadelförmig feinen sattgrünen Bältter stehen aufrecht, sind wintergrün und bilden dauerhafte, rasige Polster, sofern sie auf durchlässigem, kiesigem Untergrund stehen. Höhe 10 cm.

Die aufrechten Blütenhalme sind dünn und wenig verzweigt, die Ästchen fast anliegend; zunächst grün, später lange anhaltend goldgelb und sehr zahlreich, wie ein Schleier über dem Grasbüschel stehend. Höhe 20 cm, Blütezeit VI–VIII.
Standort: mäßig mit Nährstoffen versorgte, frische feinschotter- oder kiesreiche Böden im Halbschatten. Pflanzen nicht zu eng setzen, sonst verkahlen die Polster, Tropfenfall und starke Beson-

Die stark blaubereiften *Festuca*-Sorten, hier *Festuca cinerea* 'Azurit', wirken zwischen grünlaubigen Pflanzen häufig fremd, grau- oder rotlaubige Pflanzen lassen sie besser zur Geltung kommen.

Festuca scoparia
Foto Seite 32

Glyceria
Foto Seite 77

nung im Winter vermeiden. Lebensbereich: Steinanlagen im Bereich von Gehölzrändern.
Vermehrung: durch Teilung.

Festuca valesiaca 'Glaucantha'

Gramineae
Zwergblauschwingel

Von Mittelrußland bis zu den Pyrenäen und in die Türkei reicht das Verbreitungsgebiet dieses wärmeliebenden Grases. Es ist sehr formenreich, und 'Glaucantha' ist wahrscheinlich eine besonders gut gefärbte Auslese.

Die dichten, flachen Blatthorste erreichen eine Höhe von 15 cm, die Blätter sind wintergrün, haardünn, blaugrau und mit abwischbarem Reif bedeckt.

Die schmalen Blütenrispen stehen steif aufrecht, sind etwa 10 cm groß und dennoch recht unbedeutend. Höhe 25 cm, Blütezeit VI—VII.
Standort: sonnige, trockene, auch frische Plätze mit sandig-humosen Böden. Lebensbereich: Steinanlagen und Freiflächen.
Vermehrung: durch Teilung im Frühjahr.

Glyceria maxima 'Variegata'

Gramineae
Bunter Wasserschwaden

Ufergras, das nicht weniger wuchert als die Art, die fast in der ganzen gemäßigten Zone der Nordhalbkugel verbreitet ist. Dennoch ist es mit seinen panaschierten Blättern hübsch an fließenden Gewässern oder in Sumpfzonen.

Der Austrieb der Blätter ist besonders auffallend rötlich und weiß getönt, später sind die aufrechten, im oberen Drittel überhängenden 1,5 cm breiten Blätter weiß-grün gestreift (S); nicht immer ganz standfest. Höhe 60 cm.

Blütenhalme aufrecht, Rispen stark verzweigt, Ästchen zur Blütezeit allseits ausgebreitet, später wieder zusammengezogen. Höhe 80 cm, Blütezeit VII-VIII.
Standort: Flachwasser und Sumpfzonen bis 15 cm Wassertiefe, aber auch normale Gartenböden. Dort wuchert das Gras nicht so stark; Verwendung beispielsweise in Bauerngärten. Pflanzung auch im Kübel möglich, sonst nur für große Anlagen. Lebensbereich: Wasserrand.
Vermehrung: durch Teilung.

Hakonechloa macra 'Aureola'

Gramineae
Gelbbuntes Japanwaldgras

Etwas schutzbedürftiges, sehr dekoratives Gras aus Japan, das sich mit kurzen Ausläufern langsam ausbreitet.

Blätter leuchtend gelbgrün gestreift, graziös überhängend, Herbstfärbung bräunlich gelb, sehr auffallend. Höhe 20 cm.

Blütenstand filigranartig locker, kaum höher als die Blätter, goldgelb, Höhe 30 cm, Blütezeit VIII–IX.

Standort: lehmig-humose, nicht zu trockene Plätze im Halbschatten. In rauhen Lagen Winterschutz geben. Lebensbereich: Gehölzrand.

Vermehrung: durch Teilung im Frühjahr.

Helictotrichon sempervirens
(Avena sempervirens)

Gramineae
Blaustrahlhafer

Ein Gras des westlichen Mittelmeerraumes und der Südwest-Alpen, das ausladende, ganzjährig dekorative Horste bildet und um so intensiver gefärbt ist, je magerer und sonniger der Standort ist. Es gehört zum Standardsortiment der ISU.

Die Blätter sind wintergrün, schmal eingerollt und von blaugrüner Färbung. Man kann den strahligen Gräserbusch im März zurückschneiden, andernfalls sind im Sommer trockene und frische Halme gemischt; Höhe 50 cm.

Die haferähnlichen Blütenrispen scheinen an weit überhängenden Halmen über dem Horst zu schweben. Höhe 100 cm, Blütezeit VI–VII.

Die Sorte 'Pendula' hat besonders schön bogig überhängende Blütenhalme.

'Saphirstrudel' hat breitere grüne Blätter, die nicht von Rost befallen werden.

Standort: sandig-humose, durchlässige und trockene Böden in voller Sonne auf offenen Flächen. In nassen Sommern und bei zu dichtem Stand wird der Blaustrahlhafer leicht von Rost befallen. Nicht im Traufenbereich von Gehölzen pflanzen. Lebensbereich: Freiflächen mit Beet-Steppencharakter.

Vermehrung: durch Teilung im Frühjahr.

Hordeum jubatum

Gramineae
Mähnengerste

Einjähriges Gras, das natürlich auf dem ganzen amerikanischen Kontinent vorkommt. Es besiedelt dort Rohböden und andere offene Flächen; entlang von Straßen hat es sich als salzverträglich erwiesen. Es bildet aufrechte kleine Horste, die Blätter sind flach, 0,5 cm breit, überhängend, bis oben an den Halmen sitzend. Höhe 30 cm.

Blütenstand ist eine dichtbegrannte Ähre (S), die graziös überhängend über das Laub hinausragt. Die Grannen können bis zu 5 cm lang werden. Bei Reife sind sie hellgelb. Höhe 50 cm, Blütezeit VI–VII.

Standort: Gedüngter Gartenboden, sonnig und offen.

Vermehrung: Aussaat Anfang April im Haus, Ausflanzen Anfang Mai an Ort und Stelle oder Augustaussaat und Überwinterung des jungen Grases im Haus.

Hakonechloa
Foto Seite 73

Helictotrichon
Foto Seite 81

Hordeum
Foto Seite 7

Eine auffallend helle Blattfärbung hat *Glyceria maxima* 'Variegata'. Man sollte sie nur in großen Gärten, sonst vorsichtshalber im Kübel (Abb. Seite 77) kultivieren.

Hystrix patula

Gramineae
Flaschenbürstengras

Ausdauerndes Horstgras aus den Steppen Nord-Amerikas aber auch aus Gebirgsregionen, wo es besonders nach Kahlschlag auftritt. Es ist schwachwachsend, aber aussaatfreudig.

Blätter breit, schilfartig, graziös überhängend, 30 cm hoch.

Halme aufrecht, beblättert mit einem dekorativen Blütenstand (S), der wie eine lockere Flaschenbürste wirkt. Die abgespreizten begrannten Ährchen sind zunächst weißgrün, später bräunlich. Höhe 50 cm, Blütezeit VI–VIII.
Standort: sandig-humose, nicht zu trockene Böden in Sonne und Halbschatten. *Hystrix* ist nicht sehr langlebig, sät sich jedoch leicht selbst aus. Lebensbereich: Freiflächen mit Beetcharakter.
Vermehrung: durch Aussaat.

Juncus effusus 'Spiralis'

Juncaceae
Spiralbinse

Eine sonderbare Form der in der gesamten gemäßigten Zone der Nordhalbkugel vorkommenden Flatterbinse, die in Gräben, nassen Wiesen und Waldsümpfen zu Hause ist. Die robuste Art wird gerne in Pflanzenkläranlagen verwendet.

Die Sorte 'Spiralis' hat ausschließlich Zierwert. Sie kann mit ihren glatten, runden, spiralig gedrehten kräftig grünen Halmen recht kompakte Horste bilden, sie sollten einzeln stehen. Höhe 40 cm.

Blüten im oberen Drittel büschelig angeordnet, die braunen Einzelblütchen hängen locker (flatterhaft) an kurzen Stielen. Höhe 60 cm, Blütezeit VI–VIII.
Standort: Sumpf- und Seichtwasserbereiche in der Sonne, auch feuchte Lagen im Halbschatten. Lebensbereich: Wasserrand und feuchte Freiflächen.
Vermehrung: durch Teilung im Frühjahr.

Juncus ensifolius

Juncaceae
Zwergbinse

Diese kleine, aus Nord-Amerika stammende Binse ist ausdauernd und breitet sich rasch aus, obwohl sie eigentlich als horstig wachsend beschrieben wird.

Die Blätter sind flach, schwertartig, etwa 0,5 cm breit, was für Binsen sehr ungewöhnlich ist. Gegen das Licht gehalten, sind deutlich Querstreifen der Markkammern zu erkennen. Höhe 25 cm.

Die Blüten sitzen als dunkle, knäuelige Büschel am Ende der Halme; Höhe 30 cm, Blütezeit VI–VIII.
Standort: Sumpf- und Seichtwasserzone am Rand von Gewässern in der Sonne.
Vermehrung: durch Aussaat und Teilung im Frühjahr.

Juncus inflexus (J. glaucus)

Juncaceae
Blaubinse

Sie kommt auf den verschiedensten Naturstandorten in Europa, Afrika und Nord-Amerika bis in 1700 m Höhe vor; auf verdichteten Lehm- und Tonböden, auf Wiesen, an Gräben, feuchten Stellen im Wald und in Heiden. Die ausdauernde Binse bildet dichte, blaugrüne Büsche, die in ihrer idealen Form ein wenig an Gamsbärte erinnern. Sie ist früher eine wichtige Faserpflanze gewesen.

Die Halme sind matt blaugrün, wintergrün. An der Basis sind deutlich die Querrippen des leiterartig angeordneten Marks zu erkennen. Höhe 40 cm.

Die Blütenbüschel sind locker, aufrecht, im oberen Viertel des Halmes angeordnet. Höhe 50 cm, Blütezeit VI–VIII.
Standort: feuchte bis nasse Lehmböden, in Freiflächen, Seichtwasserzonen von Gewässern.
Vermehrung: durch Teilung und Aussaat.

Bei der Blaubinse, *Juncus inflexus,* befinden sich an fast jedem Halm im oberen Bereich seitlich die Rispenästchen, an denen die Blüten angeordnet sind.

Koeleria glauca

Gramineae
Schillergras, Blaue Kammschiele

Ein horstbildendes Gras, das von Mitteleuropa bis nach Mittelsibirien oft massenweise auf Sandtrockenrasen und in warmen Kiefernwäldern vorkommt. Es ist in kleinen und auch größeren Gruppen zu verwenden und hat die Eigenart, nach der Blüte, möglicherweise aus Erschöpfung, einzutrocknen, um nach kurzer Zeit einen neuen blauen Grasbusch zu bilden. Die dann wintergrünen Blätter haben kräftige Rinnen und sind am Grund zwiebelförmig verdickt. Höhe 15 cm.

Die Blütenstände sind straff, die Rispen dicht, zunächst graugrün, später gelbbraun, danach oft unschön. Seine größte Schönheit hat das Gras eigentlich vor und nach der Blüte. Höhe 20 cm, Blütezeit VI—VII.

Standort: kalkarme, sandige warme Böden in Sonne oder Halbschatten. Auf guten Böden nicht langlebig. Lebensbereich: Steppenheide.

Vermehrung: durch Teilung und Aussaat.

Lagurus ovatus

Gramineae
Hasenschwanzgras

Auf steinigen und felsigen Standorten im Mittelmeerraum ist dieses auffällige Gras zu Hause, das seinen treffenden deutschen Namen völlig zu Recht trägt. In kleinen Gruppen gepflanzt, kommt der hübsche Fruchtstand dieses einjährigen Grases, das auch für die Trockenbinderei Bedeutung hat, gut zur Wirkung.

Lagurus ovatus
Foto Seite 37

Auf nicht zu trocke-
nen Waldböden
besiedelt *Luzula
nivea* Flächen, die
zur Blütezeit wie
schneebedeckt aus-
sehen.

Luzula sylvatica
Foto Seite 38

Die locker stehenden, aufrechten Blät-
ter sind flach, samtartig weich behaart,
graugrün; Höhe 25 cm. Sehr hübsch
sind die dichtwolligen, eiförmigen
Fruchtstände (S) am Ende der dünnen
Halme. Höhe 40 cm, Blütezeit VI–VIII.
Standort: leichte, warme, nicht zu nähr-
stoffreiche Böden in voller Sonne.
Vermehrung: Aussaat entweder ab
März im Haus (Blüten im Mai) oder ab
Mai im Freiland (Blüten im Juli).

Luzula nivea

Juncaceae
Schneemarbel

Dieses lockere Horste bildende, ausdauernde Gras stammt aus den Wäldern der
südeuropäischen Gebirge Pyrenäen, Süd-
alpen, Apennin. Mit seiner kriechenden
Grundachse breitet es sich langsam aus
und kann im Alter große Flächen bedek-
ken. Die Blätter sind immergrün, 4 mm
breit, lang, fein zugespitzt und am Rand
etwas unordentlich weiß gewimpert. Ein
Rückschnitt nach der Blüte treibt den
Horst zu neuem Austrieb. Gehört zum
Standardsortiment der ISU. Höhe 20 cm.

Blütenstand aus bis zu 20 Einzelblüten zusammengesetzt, ein weiß behaar-
ter Büschel am Ende von schlanken, be-
blätterten Stielen. Im lichten Schatten
blühwilliger als im dunklen. Höhe
40 cm, Blütezeit V–VI.
Standort: frische, humose Lehmböden,
die nicht austrocknen sollten, im Schatten von Gehölzen, am Gehölzrand.
Vermehrung: durch Teilung oder Aussaat, Pflanzung mit Topfballen ist empfehlenswert.

Luzula pilosa

Juncaceae
Haarmarbel

Sehr häufig vorkommendes, einheimi-
sches Gras, dessen lockere Horste man
in Laub- und Nadelwäldern, in Gebüschen und auf Waldwiesen finden kann.
Wie ein zottiges Hundefell wirkt dieses
lebenskräftige, rasenbildende Kleingras,
gut geeignet zur Unterpflanzung von Gehölzen.
Die Blätter sind 1 cm breit, weiß bewimpert und wintergrün. Erwähnens-
wert ist der zeitige Austrieb im Frühjahr.
Höhe 10 cm.
Nur wenige Blüten am Ende des
schlanken Stengels wirken wie ein kleiner Blumenstrauß. Höhe 25 cm, Blütezeit III–V.
Standort: lehmig- oder sandig-humose,
möglichst kalkfreie Böden in Halbschatten oder Schatten. Wurzeldruck vertra-
gend. Lebensbereich: Gehölze und Gehölzränder.
Vermehrung: durch Aussaat oder Teilung.

Luzula sylvatica

Juncaceae
Waldmarbel

Ein herrliches Gras zur großflächigen
Gehölzunterpflanzung ist aus humusrei-
chen, feuchten Wäldern West- und Südeuropas bis hin zum Kaukasus zu uns in

die Gärten gekommen. Die ausdauernde, lockerhorstige Pflanze verträgt Wurzeldruck und ist noch für problematischste Plätze geeignet.

Die Blätter können bis 2 cm breit werden, sind glänzend, wintergrün und wachsen mit ansteigenden Trieben stets aus dem braungewordenen Laub der Vorjahre heraus. Höhe 20 cm. Blütenstände in Form einer Spirre, braun, etwa 15 cm über dem Laub, Blütezeit V–VI.

'Marginata' ist eine Sorte mit silberweißen Randstreifen. Höhe 20 cm.

'Farnfreund' wächst sehr zierlich und kompakt, 20 cm hoch.

'Hohe Tatra' bildet kräftige Rosetten, Blätter breit und frischgrün, stark bewimpert, Höhe 25 cm.

'Tauernpaß' hat breite, glänzendgrüne Blätter, die starke breite Horste bilden, Höhe 15 cm, etwas rostanfällig.

Standort: luftfeuchte, humose, bevorzugt sauere Plätze unter Gehölzen und an Gehölzrändern. Schutz vor Wintersonne erhält das Grün der Blätter.

Vermehrung: durch Teilung; Pflanzung mit Topfballen ist empfehlenswert.

Melica altissima 'Purpurea'

Gramineae
Riesenperlgras

Von den warmen Gehölzrändern des mittleren und östlichen Europa stammt dieses in den Gärten noch nicht sehr häufig anzutreffende Gras.

Die Blätter sind saftiggrün, recht breit und schön überhängend. Sie bilden einen dichten Horst von 40 cm Höhe. Bei zu feuchtem Stand fällt er auseinander.

Die aufrechten Blütenrispen (S) sind von silbrigem Purpurbraun, 15 cm lang, die Ährchen stehen um den Halm herum, jedoch lockerer als bei anderen Melica-Arten. Höhe 70 cm, Blütezeit VI.

Standort: warme, sonnige Plätze auf recht nährstoffreichen Böden, auch vor und zwischen besonnten Gehölzen.

Vermehrung: durch Teilung und Aussaat.

Melica ciliata

Gramineae
Wimperperlgras

Auf sonnigen Berghängen und Schotterfluren Südeuropas ist dieses wärme- und kalkliebende Horstgras zu Hause. Es ist ein dekoratives Einzelgras für Heide- und Steppengärten.

Die graugrünen Blätter sind meist eingerollt und bilden einen lockeren, etwas unordentlichen Blattschopf. Höhe 30 cm.

Der Blütenstand ist eine zylindrische Ährenrispe von etwa 10 cm Länge, zu-

Der deutsche Name Hasenschwanzgras für *Lagurus ovatus* beschreibt die Form des Blüten- und Fruchtstandes sehr treffend. Dieses Gras ist auch vergilbt noch dekorativ.

Melica ciliata
Fotos Seite 39, 16, 66

nächst grün, dann cremeweiß, von großer Leuchtkraft. Fällt bei zu hohem Nährstoff- und Wasserangebot um. Höhe 60 cm, Blütezeit V–VI.

Standort: durchlässige, kiesig-steinige, auch kalkhaltige Böden in voller Sonne. Lebensbereich: Steinanlagen und Steppenheideflächen.

Vermehrung: bevorzugt Aussaat.

Miscanthus sinensis

Gramineae
Chinaschilf

Dieses stattliche Gras stammt aus lichten Bergwäldern Japans und Chinas. Seine sich ständig langsam vergrößernden Horste bilden im Laufe der Jahre fast undurchdringliche Dickichte. Es ist allerdings eine sehr veränderliche Art, die mit den verschiedensten Wuchshöhen, Blattbreiten und Blütenausbildungen aufwartet. Neuerdings sind einige besonders blattmassereiche Sorten als Energie- und Rohstofflieferanten erkannt worden, da sie sehr hohe Trockenmasseerträge liefern.

Für den gärtnerischen Bereich sind eher die dekorativen Halmbüsche mit ihren fedrigen Blütenständen (S) von Bedeutung. Hier gibt es hervorragende neue Sorten, die so zeitig blühen, daß die silbrigen Blütenstände sich im Spätsommer noch voll entwickeln können.

Da das Chinaschilf auch im Winter außerordentlich dekorativ ist, sollte der notwendige Rückschnitt erst im Frühjahr erfolgen. Das Gras gehört zum Standardsortiment der ISU. Einige besonders ausdrucksvolle Sorten von *M. sinensis*:

'Condensatus' bildet dichte Horste, Blätter etwas steif, überhängend, Blütenstand braun-silbrig, gewellt, Höhe 160–180 cm, Blütezeit X.

'Giganteus' *(M. japonicus, M. floridulus)*, Riesenchinaschilf, entwickelt mächtige Blattbüsche, Blätter breit, rinnig, bogig überhängend an straff aufrechten Stengeln. Bei uns meist nicht blühend. Höhe 300–400 cm.

'Gracillimus' ist eine alte, verbreitete Sorte, die zwar nicht blüht, durch ihre zierliche Belaubung jedoch in Herbst und Winter sehr dekorativ wirkt. Die Blätter sind schmal mit silbrigem Mittelstreifen, wachsen steif aufrecht, sind am Ende nach außen gebogen und rollen sich im Winter korkenzieherartig auf. Höhe 120 cm.

'Graziella' ist eine aus 'Gracillimus' hervorgegangene, blühende Sorte. Die silberweißen Blüten stehen ab Anfang September hoch über dem feinen Laub. Höhe 100–175 cm.

'Kleine Silberspinne' bildet feinlaubige Grasbüsche, die im Alter fast kugelig werden. Sie sind über und über mit Blütenbüscheln bedeckt. Höhe 100–150 cm, Blütezeit IX–X.

'Malepartus' hat rötlich-grüne beblätterte Stengel; die silbrig-rosa Blütenrispen sitzen ebenfalls an rötlichen Stielen. Schöne Herbstfärbung. Höhe 125–200 cm, Blütezeit VIII–X.

'Rotsilber' hat Blätter mit deutlich silbrigem Streifen, dichte Laubbüsche bildend, Blüten rot-silber, Höhe 100–175 cm, Blütezeit IX–X.

'Silberfeder' hat schmale, lang überhängende Blätter; Blütenstand fedrig, silbrig-weiß, Höhe 160–180 cm, Blütezeit VIII–X.

'Strictus' hat steif aufrechte, spitze Blätter mit deutlichen gelben Querstreifen; blüht bei uns kaum. Höhe 150 cm.

Die Blätter treiben recht spät aus, werden schön grün, stehen überwiegend aufrecht und bekommen eine phantastische, goldbraune Herbstfärbung. Die recht schmalen Grasbüsche werden 50 cm hoch und bleiben so lange schön bis nasses Herbstwetter einsetzt oder der erste Schnee sie bedeckt.

Die großen, lockeren Blütenrispen (S) erheben sich elegant auf knotenlosen, drahtigen Stielen hoch über den Blattschopf, sie sind während des Sommers sehr standfest. Höhe 180 cm, Blütezeit VI–VIII.

Drei unterschiedliche Sorten sind im Handel:

'Karl Foerster' ist dunkelgrün, recht breitblättrig und von lange anhaltender Herbstfärbung, Höhe 50–200 cm.

'Transparent' ist eine besonders grazile Auslese, Höhe 50–180 cm.

'Windspiel', sattgrüner, mächtiger Grasbusch mit standfesten, fein verzweigten Blütenrispen, Höhe 60–200 cm.

Standort: wechselfeuchte, sauere, auch arme Böden in Sonne oder Halbschatten. Lebensbereich: Freiflächen mit Beetcharakter und Gehölzränder.

Vermehrung: durch Teilung im zeitigen Frühjahr.

Oben: Eindrucksvoll sind die Grasbüsche von *Miscanthus sinensis*, besonders zur Blütezeit im Spätsommer, hier die Sorte 'Rotsilber'.

Rechts: Die kaum blühende Sorte *Miscanthus sinensis* 'Strictus' fällt statt dessen durch helle Querstreifen auf.

'Variegatus' ist aufrechtwachsend mit deutlichen weißen Längsstreifen; blüht bei uns kaum. Höhe 150 cm.

Standort: nährstoffreiche, frische bis feuchte Böden in voller Sonne. Für Freiflächen mit Staudenbeetcharakter.

Vermehrung: nur durch Teilung im Frühjahr.

Molinia arundinacea
(M. altissima, M. caerulea ssp. arundinacea)

Gramineae
Riesenpfeifengras

Heimisches, hübsches, weitverbreitetes Horstgras zur Einzelstellung und für kleine Gruppen.

Wie ein Feuerwerk wirkt *Molinia caerulea* 'Strahlenquelle' im Herbst, wenn die Sonne auf die gelbbraun gefärbten Halme fällt.

Molinia caerulea

Gramineae
Kleines Pfeifengras

Heimisches Horstgras mit großem Ausbreitungsdrang. Es gilt als Humusbildner und Bodenlockerer, pumpt Wasser aus dem Boden und belüftet ihn mit Hilfe seines speziellen Wurzelsystems. Es ist eine Zeigerpflanze für magere Böden und Grundwassernähe. Die knotenlosen Blütenhalme wurden früher als Pfeifenreiniger benutzt.

Der Blattaustrieb erfolgt erst Ende April, die blaugrünen Blätter entwickeln sich rasch, zunächst aufrecht, dann biegen sie sich weich um und werden später von den durchwachsenden Blütenhalmen gehalten. Die Herbstfärbung ist gelb bis rötlich braun. Höhe 30 cm. Die Blütenhalme (S) stehen steif aufrecht, sie haben, wie auch *M. arundinacea*, ihre Knoten gehäuft am Stielgrund (im Unterschied zu allen anderen Süßgräsern). Sie dienen wohl als Reservespeicher. Die Rispenähre ist kürzer und nicht so weit abgespreizt wie bei *M. arundinacea*. Höhe 80 cm, Blütezeit VIII—IX.

Einige Auslesen mit Besonderheiten:

'Moorhexe' hat straff aufrechte Blütenrispen, Pflanze wirkt schmal, läßt sich deshalb besser in Gruppen pflanzen; Höhe 20—70 cm.

'Rotschopf', rotbraune Blätter; Höhe 40—70 cm.

'Strahlenquelle' hat über dem Blattbusch allseits ausstrahlende lockere Blütenhalme, erträgt Schneedruck; solitär verwenden; Höhe 40—80 cm.

'Rotschopf'
Foto Seite 42

hängenden Blätter sind behaart, besonders dicht auch die Knoten; der Horst wird 30 cm hoch. Die auffallenden Blütenrispen (S) sind fein verzweigt und stehen wie ein Seidenschleier über dem Laub. Die Ährchen sind nur winzige Punkte. Höhe 60 cm, Blütezeit VII–VIII.
Standort: nicht zu nährstoffreiche, warme, durchlässige Böden in voller Sonne.
Vermehrung: Aussaat ab März unter Glas, ab Mai an Ort und Stelle pflanzen.

Panicum virgatum

Gramineae
Rutenhirse

Das aus den Prärien des südlichen Nord-Amerika und Mexikos stammende Gras gilt dort als gutes Futtergras; züchterischer Fleiß hat für uns faszinierende Gartenschönheiten daraus werden lassen. Die Horste vergrößern sich langsam durch kurze Ausläufer. Die Blätter stehen aufrecht, sind im oberen Teil überhängend, hellgrün, später mit leuchtend hellbrauner Herbstfärbung. Höhe 80 cm.

Die Blütenrispen sind breit verästelt (S), feingliedrig, im Alter knicken sie häufig um. Höhe 100 cm, Blütezeit VIII–IX.

Oben: Panicum virgatum 'Rehbraun' nimmt im Herbst eine für Gräser ganz ungewöhnliche Färbung an.
Weiteres Foto Seite 86

Weiteres Foto Seite 86

Rechts: Schon früh im Jahr setzt die Rotfärbung der Blätter bei der noch seltenen *Molinia caerulea* 'Rotschopf' ein.

'Variegata' erfrischt durch die leuchtend gelben Längsstreifen in den Blättern, besonders hübsch zur Zeit des Austriebs, Höhe 30–50 cm.
Standort: nährstoffarme, frische bis feuchte Böden in Sonne oder Halbschatten, Lebensbereich: Freiflächen mit Heidecharakter, Gehölzrand, Wasserrand.
Vermehrung: nur durch Teilung, um die Typen zu erhalten.

Panicum capillare

Gramineae
Haarstielhirse

Aus der großen Gattung *Panicum* ist diese einjährige horstbildende Art aus den Grassteppen Nord-Amerikas besonders attraktiv. Die breiten, geschwungen über-

Die zartrosa gefärbten, duftigen Blütenähren von *Pennisetum orientale* scheinen über dem Beet zu schweben.

Die folgenden Sorten sind besonders farbenprächtig:

'Rehbraun' beginnt sich bereits zeitig im Sommer hellbraun zu färben und wird später kupferfarben, Höhe 60—100 cm.

'Rotstrahlbusch' ('Hänse Herms') nimmt ab August, bei den Blattspitzen beginnend, bis in den Herbst hinein eine leuchtend braunrote Färbung an, Höhe 60—80 cm.

'Strictum' ist starkwüchsig und standfest, Blütenrispen kürzer und straffer, Herbstfärbung hellbraun. Höhe 100—120 cm.

Standort: nährstoffreiche, warme, nicht zu trockene Böden in voller Sonne. Lebensbereich: Freiflächen mit Beetcharakter.

Vermehrung: Teilung im Frühjahr.

Pennisetum alopecuroides (P. compressum)

Gramineae
Lampenputzergras, Federborstengras

Dieses aus Australien und Ost-Asien eingeführte Gras ist bei uns gut winterhart; ein prächtiges Horstgras mit dekorativem Blütenstand zur Einzelstellung.

Die Blätter sind graugrün, schmal und treiben, nach dem notwendigen Rückschnitt im Frühjahr, relativ spät aus. Sie bilden einen geschlossenen, fast halbkugeligen Busch, Höhe 40 cm. Die Blütenähren (S) erscheinen erst im Spätsommer, die bräunlich und rosarot getönten Ährchen sitzen rund um den Stengel, so daß sie tatsächlich eine Flaschenbürste bilden. In kalten Gebieten und kurzen

30 cm. Sehr dekorativ sind die walzenförmigen, leicht gebogenen Blütenstände (S), die Ährchen sind zu Beginn duftig silbrigrosa und zum Ende der Blütezeit hellbraun, dann fallen sie ab. Höhe 50 cm. Die Blütezeit (VI—X) ist für ein Gras erstaunlich lang.

Standort: sandig-humose, durchlässige, warme Böden in voller Sonne. Es benötigt einige Jahre, um am Standort Fuß zu fassen. Lebensbereich: trockene Steinanlagen und Freiflächen.

Vermehrung: durch Teilung im Frühjahr, besser jedoch Aussaat.

Pennisetum setaceum (P. rueppellii)

Gramineae
Fontänengras

Ebenfalls aus dem Orient stammt dieses stärker wärmebedürftige, purpurviolette Federborstengras, das bei uns nur einjährig zu kultivieren ist.

Es bildet schöne, gleichmäßige graugrüne Blatthorste, die Blätter hängen elegant nach außen. Höhe 70 cm.

Der Blütenstand (S) ist eine schmale, kupfrig rosafarbene Ähre von etwa 20 cm Länge und 85 cm Höhe.

Pennisetum villosum

Wolliges Federborstengras

Eine weitere, nicht winterharte Art, die sich durch einen auffallenden Blütenstand auszeichnet.

Blätter ebenfalls graugrünlich, behaart, 30 cm hoch. Die Blütenstände sind etwa 10 cm lange Ähren, die ihr flauschiges Aussehen von den 1 cm langen fedrigen Hüllborsten erhalten. Als seien sie schwer, neigen sie sich in weitem Bogen nach unten. Höhe 60 cm, Blütezeit dieser und der vorigen Art VIII—X.

Standort: lehmig-humoser Boden in warmer sonniger Lage. Bei zu geringer Wärme keine Blütenausbildung. Ausreichend wässern.

Schmal und elegant wirken die Blüten des einjährigen Fontänengrases, Pennisetum setaceum.

Pennisetum villosum Foto Seite 8

Pennisetum orientale Foto Seite 43

Sommern kommen sie nicht zur Blüte. Höhe 70 cm, Blütezeit ab IX.

'Hameln' ist in allen Teilen zierlicher als die Art, blüht früher und reicher, Höhe 40—60 cm, Blütezeit ab VIII.

Standort: nährstoffreiche, frische, gut dränierte Böden in sonnigen Lagen. Pflanzen alle 3 bis 4 Jahre aufnehmen und teilen, sonst läßt der Blütenreichtum nach. Lebensbereich: Freiflächen mit Staudenbeetcharakter.

Vermehrung: durch Teilung, gelegentlich gibt es Anwachsschwierigkeiten.

Pennisetum orientale

Gramineae
Orient-Lampenputzergras

Von Nord-Afrika über Kleinasien bis Indien ist dieses entzückende Gras verbreitet. Es ist trotz seiner orientalischen Herkunft winterhart. Man sollte es in kleinen Gruppen verwenden.

Die Blätter sind graugrün, schmal, der Blatthorst wirkt nicht sehr füllig. Höhe

Vermehrung: Aussaat ab März im Haus, ab Mai an Ort und Stelle, nicht zu eng setzen, Pflanzen brauchen viel Platz.

Phalaris arundinacea 'Tricolor' ('Picta')

Gramineae
Buntes Glanzgras

Die Art, *P. arundinacea*, tritt circumpolar massenweise an Ufern und in Auwäldern auf, ist ein gutes Futtergras aber für unsere Gärten viel zu starkwüchsig.

Auch die buntblättrige Sorte breitet sich durch Ausläufer stark aus, in einen Topf gepflanzt, können wir sie jedoch bändigen und ihr gelblich und grün gestreiftes Laub (S) genießen. Besonders auffallend und hübsch ist der frühe, rötliche Austrieb. Höhe des Grasbusches 80 cm.

Die Blüte ist eine längliche, graugrüne zusammengezogene Rispe, unbedeutend im Vergleich zum Zierwert der Blätter. Höhe 100 cm, Blütezeit VI–VIII. Nach der Blüte bei Bedarf abschneiden.

Standort: feuchte und nasse, auch wechselfeuchte Plätze an fließenden oder stehenden Gewässern. Verträgt auch Trockenheit, zum Beispiel an künstlichen Wasserbecken, unter Gehölzen im Halbschatten, auch in Bauerngärten.

Vermehrung: nur durch Teilung, Sämlinge werden wieder grün.

Phragmites australis

Gramineae
Schilf, Rohr

Ein wahrer Kosmopolit; das Schilf kommt weltweit an See-, Fluß- und Teichufern von der Ebene bis 2500 m Höhe vor. Seine Fähigkeit der Uferbefestigung und Wasserklärung ist beachtlich, und mit seinen Halmen sind schon viele Dächer gedeckt worden, aber als Gartengras kommt es aufgrund seines Ausbreitungsdranges nur in Frage, wenn man es in Töpfe setzt.

Die breiten, graugrünen Blätter stehen steif vom Halm ab, im Herbst fallen sie ab, nur der hellbraune Halm bleibt stehen, Höhe 250 cm. An seiner Spitze weht dann noch der dunkelbraune, einseitig überhängende Blütenstand.

Weniger starkwüchsig ist die Sorte 'Variegatus', die im Austrieb leuchtend gelb längsgestreift ist, im Sommer jedoch mitunter vergrünt. Höhe 150–200 cm.

Standort: nährstoffreiche Sumpf- und Wasserzonen bis 1 m Tiefe. Nicht in Folienteiche pflanzen.

Vermehrung: durch Teilung.

Poa chaixii

Gramineae
Waldrispengras

Es ist ein untypisches Gras aus der großen Gattung der Rispengräser, die zumeist als Wiesen- und Rasengräser bekannt sind. Seine Heimat sind lichte Laubwälder in Süd-, Mittel- und West-Europa, auch im Gebirge bis 2400 m Höhe.

Ein rechtes Unkraut, aber für große Teiche unentbehrlich, ist *Phragmites australis*. Nur größere Wassertiefen machen dem Ausbreitungsdrang des Schilfes ein Ende. Hier die Sorte 'Variegatus'.

Eine aparte Auf-
lockerung für
Sommerblumen-
pflanzungen bildet
*Rhynchelytrum
repens*, das Rubin-
gras.

Seine Blätter werden bis 1 cm breit, sind saftig grün, deutlich gekielt und tragen eine sogenannte Kapuzenspitze. Höhe des Grasbusches 40 cm.

Blütenrispen 25 cm lang auf hohen, etwas überhängenden Halmen (S), Rispen offen und locker, Ährchen grün, später gelbbraun. Höhe 100 cm, Blütezeit VI–VIII.

Standort: lockere, humose, frische Waldböden in Halbschatten und Schatten. Für Gehölzränder und Freiflächen mit Staudenbeetcharakter.

Vermehrung: durch Teilung.

Poa glauca (P. caesia)

Gramineae
Hechtblaues Rispengras

*Rhynchelytrum
repens*
Foto Seite 8

Aus den Gebirgen Europas, von Felsstandorten mit wenig Humusauflage und Standorten von Norwegen bis Island stammt dieses ausdauernde, horstbildende Rispengras. Verbreitet auf Grasdä-

chern in Norwegen. Die Blätter sind starr, schmal blaugrün und von einem weißen, abwischbaren Reif bedeckt. Höhe 20 cm.

Locker verzweigte Blütenrispen stehen auf steifen Stielen, sie behalten auch im Winter, wenn sie gelbbraun gefärbt sind, Form und Struktur. Höhe 30 cm, Blütezeit ab VI.

Standort: trockene, auch flachgründige, kiesige Böden in voller Sonne. Lebensbereich: Steinanlagen.

Vermehrung: durch Teilung und Aussaat.

Rhynchelytrum repens

Gramineae
Rubingras, Wollhaargras

Einjähriges, aus Südafrika stammendes Gras, das in den Südstaaten als Futtergras angebaut wird und bei uns als Ziergras im Sommer viel mehr Verwendung finden sollte.

Die mattgrünen Blätter bilden einen lockeren, weichen Horst; Höhe 30 cm. Sehr dekorativ ist der breitpyramidal aufgebaute Blütenstand, der zunächst grün ist, sich jedoch ab August silbrigrosa verfärbt und seine fedrig-duftige Gestalt lange behält (S). Höhe 70 cm, Blütezeit VII—IX.

Standort: nährstoffreiche, warme Böden in offener, sonniger Lage.

Vermehrung: Aussaat im März unter Glas, Mitte Mai auspflanzen oder Mitte April an Ort und Stelle säen.

Scirpus lacustris

Cyperaceae
Teichsimse

Die heimische ausdauernde Simse ist ein wahrer Kosmopolit an seichten, langsam fließenden Gewässern, an Seen und Tümpeln. Sie besiedelt mit Hilfe ihrer langen Ausläufer große Flächen und geht bis ins 1 m tiefe Wasser. Ihr wird große Wasserreinigungskraft nachgesagt.

Blätter, bis 1 m lang, gibt es nur im Wurzelbereich, sie fluten im Wasser. Der markhaltige, blattlose, runde Halm ist peitschenförmig übergebogen und trägt am Ende den braunen spirrenförmigen Blütenstand. Die Halme werden im Herbst gelb, knicken am Grund ab und werden ans Ufer geschwemmt (im Gegensatz zum Schilf). Höhe bis 200 cm, Blütezeit VI—VIII. Lebensbereich: Wasser.

Scirpus lacustris ssp. tabernaemontani 'Zebrinus'

Zebrasimse

Sie ist für kleinere Feuchtgebiete besser geeignet, als die Art. Sie verträgt einen Wasserstand von 10—40 cm. Die jungen Halme sind weiß quergestreift, vergrünen im Alter und sind insgesamt nicht sehr standfest. Höhe 90 cm.

Standort: nährstoffreiche Schlammböden, in Wasserbecken im Kübel.

Vermehrung: durch Teilung; Pflanzung im Frühjahr mit Topfballen.

Sesleria albicans (S. caerulea ssp. varia, S. varia)

Gramineae
Kalkblaugras

Kleines Horstgras mit sehr tiefenreichenden Wurzeln, wie sein deutscher Name schon sagt, aus den Kalkgebirgen Mittel- und Südeuropas stammend. Die Horste breiten sich mit Hilfe dünner Rhizome langsam aus. Es ist ein gutes Pioniergras auf Schotterfluren.

Blätter bis 0,5 cm breit, deutlich gefaltet, oberseits blau, unterseits grün gefärbt. Höhe 20 cm.

Eine Auslese 'Blauzwerg' ist besonders farbkräftig und nur 15 cm hoch.

Blütenstände erscheinen früh als eiförmige, weißblühende später schwärzliche Köpfe, kurz über dem Laubschopf. Höhe 23 cm, Blütezeit Ende III.

Standort: kalkhaltige, steinig-kiesige und durchlässige Böden in voller Sonne. Lebensbereich: Steinanlagen und Steppenheide.

Vermehrung: durch Teilung und Aussaat; Pflanzung mit Topfballen.

Sesleria autumnalis **sieht das ganze Jahr über attraktiv aus und fällt besonders durch seine späte Blütezeit auf.**

Sesleria heuffleria-na wirkt etwas unordentlich, bildet jedoch im Schatten breite, flächendeckende Blatthorste.

Sesleria autumnalis Foto Seite 47

Sesleria autumnalis

Gramineae
Herbstkopfgras

Erst vor kurzer Zeit hat dieses Gras aus Nord-Italien und Slowenien in unseren Gärten Einzug gehalten. Es ist ein besonders hübsches Horstgras zur Einzelstellung.

Die gelbgrünen, schmalen Blätter bilden einen igelartigen Grasbusch, der auch im Winter sehr fein wirkt; Höhe 30 cm.

Die zylindrischen Blütenstände sind zwar recht schmal, haben jedoch durch ihre grauweiße Farbe eine gute Fernwirkung; Höhe 40 cm, Blütezeit IX—X.

Standort: kalkhaltige, sandig-humose Böden im lichten Schatten, auch am Gehölzrand.

Vermehrung: durch Teilung oder Aussaat, Pflanzung mit Topfballen.

Sesleria heuffleriana

Gramineae
Grünes Kopfgras

Dieses fast immergrüne Kopfgras aus lichten Wäldern Südost-Europas kann sich zu breiten Horsten auswachsen. Es treibt sehr früh aus.

Die jungen Blätter sind oberseits stark bereift, werden bis zum Herbst allmählich dunkelblaugrün und bleiben bei genügend Feuchtigkeit wintergrün. Höhe 30 cm.

Die Blütenstände sind eiförmig, schwarz mit gelben Staubgefäßen. Sie stehen auf straffen Halmen; Höhe 50 cm, Blütezeit sehr früh, IV.

Standort: humose, auch kalkhaltige nicht zu trockene Böden in absonnigen Stein- oder Heidegärten; auch am warmen Gehölzrand.

Vermehrung: durch Teilung oder Aussaat, Pflanzung mit Torfballen.

Sorghastrum nutans (Chrysopogon nutans)

Gramineae
Goldbartgras, Indianergras

Wie der deutsche Name Indianer-Gras vermuten läßt, stammt es aus Nord-Amerika, ein ausdauerndes, wärmeliebendes Horstgras, zugleich ein nahrhaftes Futtergras. Es treibt relativ spät aus.

Die aufrechten Halme sind bis oben beblättert, der ganze Grasbusch ist schmal und straff aufgebaut. Über den im Sommer kräftiggrünen Blättern stehen ab August dichte, schmal anliegende Blütenrispen (S). Besonders auffallend sind die leuchtend gelben Staubgefäße. Bis in den Winter bleibt das Gras ansehnlich. Höhe 150 cm, Blütezeit ab VIII.

Ein prächtiges Hochsommergras ist *Sorghastrum nutans*, das sich unter gelb und orange blühenden Stauden besonders gut ausnimmt.

Standort: sandig kiesige, möglichst kalkhaltige, nicht zu trockene Böden in sonnigen Lagen. Lebensbereich: Freiflächen mit Staudenbeetchrakakter.

Vermehrung: durch Teilung, zum Anwachsen warm halten.

Spartina pectinata 'Aureomarginata'

Gramineae
Goldleistengras

Auf schweren, tiefgründigen Böden entlang von Flußufern in Nordwest-Amerika kommt dieses ausdauernde Gras vor. Dort wird es gegen Bodenerosionen gepflanzt und auch als Heu genutzt. Es

breitet sich durch Ausläufer aus und kann in kleinen Gärten lästig werden. Es gehört zum Standardsortiment der ISU.

Die bis 1 m langen Blätter sind längs gelb gestreift und an den Blatträndern sägescharf. Sie hängen von den aufrechten Halmen in weichem, weiten Bogen herab (S). Besonders lebendig wirken sie bei Wind und bezaubernd bei Rauhreif. Den Busch sollte man deshalb erst im Frühjahr zurückschneiden. Höhe 90 cm.

Der Blütenstand besteht aus zusammengesetzten grüngelben Ähren, die am verästelten Halmende hintereinanderstehen. Sie hängen schwer und weit über. Höhe 150 cm, Blütezeit VIII–IX.

Standort: nährstoffreiche, humose Böden in Sonne und Halbschatten, verträgt

Spartina pectinata
Fotos Seite 50
und 79

49

Es ist kaum zu glauben, daß die weich fallenden Halme von *Spartina pectinata* 'Aureomarginata' derart scharfe Kanten haben. Vorsicht bei Pflanzung an Wegrändern!

Stark gliedernde Wirkung geht von den aufrechten Büschen des Goldbartgrases, *Sorghastrum nutans*, aus. Es entwickelt sich erst im Spätsommer zu voller Größe.

Trockenheit, wird jedoch auf feuchten Standorten größer. Lebensbereich: Staudenbeet und am Wasserrand. In kleinen Gärten im Topf pflanzen.
Vermehrung: durch Teilung im Frühjahr.

Spodiopogon sibiricus

Gramineae
Zottenrauhgras

Ausdauerndes Steppengras, das in Sibirien, Korea und Japan wächst. Es wächst horstig, etwas steif aufrecht und bildet standfeste, dichte und kräftige Büsche.

Die Blätter sind 2,5 cm breit, schilfartig, dunkelgrün und stehen fast waagerecht vom Halm ab. Dieser ist auf ganzer Länge beblättert und über dem obersten Blatt blaugrau bereift. Herrlich ist die rötliche Herbstfärbung. Höhe 120 cm.

Die Bereifung setzt sich in dem dekorativen Blütenstand (S) fort, die lockere Rispe trägt rotbraune Ährchen, die ebenfalls zum Teil grau bemehlt sind. Höhe 160 cm, Blütezeit VII—IX.
Standort: keine besonderen Bodenansprüche, verträgt große Trockenheit, entwickelt sich in feuchten Sommern jedoch besser. Lebensbereich: Freiflächen mit Staudenbeetcharakter und am Wasserrand.
Vermehrung: am besten durch Teilung.

Stipa capillata

Gramineae
Büschelfedergras

Auf den weiten Trockenrasen Süd-Rußlands, des Iran und im Kaukasus ist dieses Trockenheit liebende Horstgras zu Hause.

51

offener Lage. Lebensbereich: Steppenheide und Steinanlagen.

Vermehrung: durch Aussaat (Frostkeimer); Pflanzung mit Topfballen.

Stipa gigantea

Gramineae
Riesenfedergras

Ein Riesengras zur Einzelstellung, das seinem Namen alle Ehre macht. Es stammt aus Spanien und Portugal und benötigt viel freien Raum, um seine duftige, mächtige Gräsergestalt zu entwickeln und zur Geltung zu bringen.

Obwohl die blaugrünen Blätter recht fein sind, bilden sie doch einen dichten, breitausladenden Busch, der auch im Winter zierend ist. Höhe 50 cm.

Mächtig sind die aufrechten, nur wenig geneigten Halme, die über 50 cm lange, lockere Blütenrispen tragen, die in ihrem Aufbau an Hafer erinnern. Die unbehaarten Grannen können 10—20 cm Länge erreichen. Sie fallen bei Samenreife mit ab, zurück bleiben noch lange die gelbbraunen Spelzen. Höhe 180 cm, Blütezeit VI—VIII.

Standort: durchlässige, sandig-steinige Böden in warmen, sonnigen Lagen. Vorsicht vor zu viel Feuchtigkeit und Nährstoffen. Lebensbereich: Steinanlagen und Freiflächen mit Steppenheidecharakter.

Vermehrung: durch Aussaat (Frostkeimer), bei Teilung oft Anwachsschwierigkeiten; Pflanzung mit Topfballen.

Stipa pulcherrima f. nudicostata (S. barbata)

Gramineae
Reiherfedergras

Dieses Solitärgras zur Freistellung ist ebenfalls ein Gast aus dem südeuropäischen und ostmediterranen Raum. Es kann im Laufe der Jahre zu einem großen, aber nicht sehr dicken Busch werden.

Die meisten der fedrig begrannten Samen sind vom Wind schon fortgetragen, trotzdem ist *Stipa pulcherrima* f. *nudicostata* noch ein interessanter Grasbusch.

Die Blatthorste aus graugrünen, dünnen, eingerollten Blättern sehen, vor allem in lockeren, großflächigen Pflanzungen, immer schön aus, auch nach der Blüte. Höhe 40 cm.

An straff aufrechten Halmen entwickeln sich die breiten, hellbraunen Blütenrispen (S). Die Ährchen tragen haarfeine, unbehaarte Grannen, die auf eigenartige Weise für die Verbreitung der Samen hilfreich sind: Die 15 cm langen Grannen sind während der Blüte steif und gerade und etwas schräg nach unten gerichtet. Bei Samenreife krümmen sie sich und verdrehen sich spiralig zu größeren Knäueln, die dann leicht vom Wind verweht werden. Höhe 80 cm, Blütezeit VII—VIII.

Standort: warme, durchlässige und möglichst kalkhaltige Böden in sonniger,

Die Blätter sind graugrün, schmal, oft eingerollt, etwa 40 cm lang.

Großartig sind die Blütenrispen (S), nicht so sehr zur Blütezeit, als vielmehr zur Fruchtreife, wenn die 40 cm langen, silbrig-fedrigen Grannen bis zum Boden überhängen und sich leicht im Wind bewegen — besonders vor dunklem Hintergrund ein herrlicher Anblick. Etwa im August fallen die Samen ab und werden vom Wind fortgetragen. Bei Trockenheit bewirkt eine spiralige Drehung an der Basis der Granne, daß der Samen sich in die Erde bohrt oder an die Felle von Tieren hängt, um auf diese Weise verbreitet zu werden. Höhe 90 cm, Blütezeit VII—VIII.

Standort: durchlässige, warme, kalkhaltige Böden in voller Sonne. Lebensbereich: Freiflächen mit Steppenheidecharakter und Steinanlagen.

Vermehrung: durch Aussaat (Frostkeimer), bei Teilung oft Anwachsschwierigkeiten. Pflanzung mit Topfballen.

Uniola latifolia

Gramineae
Plattährengras

Dieses Gras ist aus dem mittleren und südöstlichen Amerika eingewandert, es ist ein ausdauerndes Solitärgras, das sich langsam durch kurze Rhizome ausbreitet. Es gehört zum Standardsortiment der ISU.

Die eher hellgrünen Blätter sind recht breit, stehen aufrecht, nur die älteren sind leicht übergeneigt und färben sich im Herbst schön gelb. Höhe 50 cm.

Die Halme sind beblättert, am Ende stehen die lockeren, leicht überhängenden Blütenrispen mit den auffälligen, eigenartig plattgedrückt wirkenden Ährchen. Sie sind zunächst grün, dann grünbraun, zuletzt hellbraun (S). Sie halten sich sehr lange. Höhe 70 cm, Blütezeit VIII—X.

Standort: nährstoffreiche, frische und nicht zu trockene Böden in Sonne oder Halbschatten. Lebensbereich: Gehölzränder und Freiflächen mit Staudenbeetcharakter.

Vermehrung: durch Aussaat und Teilung.

Dieser prächtige Busch von *Uniola latifolia* steht kurz vor dem Austrieb seiner Blüten, leider sind die Rispen mit den charakteristischen plattgedrückten Ährchen noch in den Blattscheiden verborgen.

Bambus

Eine besondere Stellung unter den Gräsern nimmt der Bambus ein, zwar gehört er botanisch zu den Gramineen, Wuchs und Aufbau sind jedoch von den übrigen Gräsern völlig verschieden. Wegen seiner verholzenden Stengel wird er gelegentlich zu den Gehölzen gerechnet, die ausläufertreibenden, niedrigen Arten werden dagegen eher den bodendeckenden Stauden zugeordnet. In jedem Fall sind wir immer wieder fasziniert von der schlichten Schönheit seiner Blätter und der Anmut seines Aufbaus. Bambus-Arten gehören mit Sicherheit zu den »schönen« Gräsern

für unsere Gärten — obwohl sie nicht blühen. Das heißt, sie blühen zwar, aber sehr selten, und niemand weiß so recht, wann und warum gerade dann. Von manchen Arten sind Blühabstände von 30, 60 oder 100 Jahren bekannt, und merkwürdigerweise blühen sie dann überall auf der Welt etwa zur gleichen Zeit, was auf die ausschließliche Vermehrung durch Rhizome zurückzuführen sein mag. Im Augenblick scheint *Sinarundinaria murielae* mit dem Blühen zu beginnen. Seit 1976 beobachtet man in Dänemark, Deutschland, England, Belgien und Frankreich immer wieder blühende Pflanzen und mußte aufgrund der nun erstmals erforschbaren Blüten eine neue botanische Zuordnung vornehmen. Diese führte dazu, daß nun die gleiche Pflanze unter zwei Namen geführt wird: *Sinarundinaria murielae*, wenn sie vegetativ vermehrt wurde, und *Fargesia murielae* oder vielleicht *Thamnocalamus spathaceus*, wenn sie generativ vermehrt wurde. Bei Pflanzen, die so selten blühen, ist natürlich die botanische Zuordnung ein großes Problem, und so mag auch das Durcheinander in der Namensgebung zu erklären sein. Noch etwas anderes muß erklärt werden: Das große Interesse an der an sich unscheinbaren Bambusblüte liegt darin begründet, daß die Pflanzen sich beim Blühen offenbar so verausgaben, daß sie anschließend eingehen. Und wenn man sich vorstellt, daß alle *Sinarundinaria murielae (Fargesia)* auf der Welt in relativ kurzer Zeit absterben und es Jahrzehnte dauert, bis neue Pflanzen herangezogen sind, so kommt der Bambusblüte doch große Bedeutung zu.

Kurz sei noch auf die Morphologie des Bambus eingegangen, denn sie ist von

Viele Bambus-Arten wirken durch ihren aufrechten, hohen Wuchs wie Gehölze.

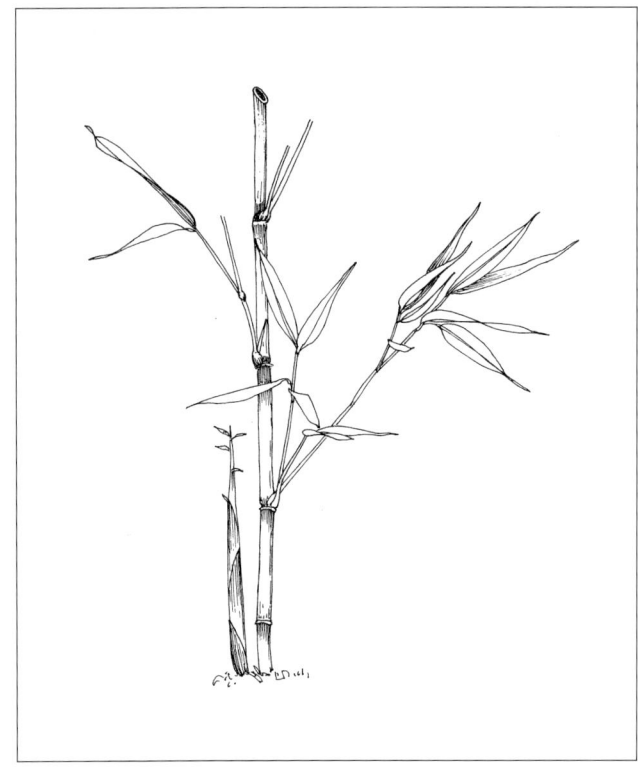

der der »normalen« Gräser recht verschieden. Ein Halm, der sich bei den hohen horstigen Arten aus dem Ende eines Rhizoms entwickelt, wächst sehr schnell in die Höhe. Bei einigen Arten werden die Seitenzweige schon während des Längenwachstums gebildet, bei anderen erst, wenn dieses abgeschlossen ist. Solange der Trieb lebt, das können acht bis zehn Jahre sein, werden jedes Jahr an den Knoten neue Seitenzweige gebildet. Davon sterben allerdings die ältesten ab, so daß alte Bambusbüsche häufig etwas struppig aussehen. Die Blätter sind, wie bei allen Gräsern, in Blattscheide und -spreite geteilt, wobei die Scheiden an den Zweigen ineinanderstecken; die Blattspreiten haben deutlich sichtbare Stiele und bilden die »Blätter« des Bambus. Wenn sie nach 1 bis 2 Jahren abfallen, brechen sie von ihren Scheiden ab.

Die Frosthärte der doch recht dünnen Bambusblätter ist hoch, sollten sie einmal erfroren sein, hilft oft ein geduldiges

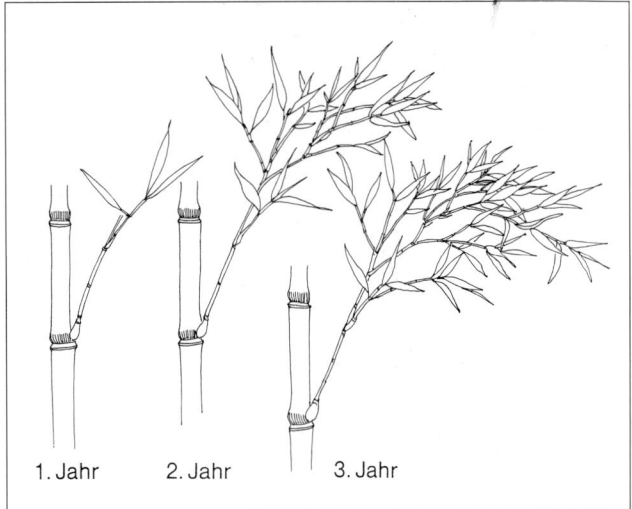

1. Jahr   2. Jahr   3. Jahr

Warten, bis die Halme und Triebe wieder austreiben, bei manchen Arten auch ein radikaler Rückschnitt bis zum Boden, woraufhin sich die Pflanzen meist wieder neu bestocken. Die Frosthärte des Wurzelwerks ist bei den Beschreibungen angegeben. Allerdings können die Werte je nach Witterungsverlauf und Standort stark variieren. Da die Verwendung von Bambus eigentlich eine intensivere Beschäftigung mit dieser Pflanzengruppe erfordert, seien im Rahmen dieses Buches nur einige sehr widerstandsfähige Arten aufgeführt, mit denen man bestimmte Themen in einem Garten gestalten kann: eine Bodendecke herstellen, einen Hain gestalten, solitäre Akzente setzen.

Verzweigung eines Seitentriebes.

Horstig wachsende Bambus-Arten breiten sich nur langsam aus.

Fargesia murielae (Sinarundinaria murielae, Thamnocalamus spathaceus)

Gramineae
Hellgrüner Schirmbambus

Mit kurzen Rhizomen horstartig wachsender wintergrüner Bambus zur Einzelstellung. Die jungen Triebe wachsen straff aufrecht und sind kahl bis auf kleine Blättchen an den Stammscheiden. Im

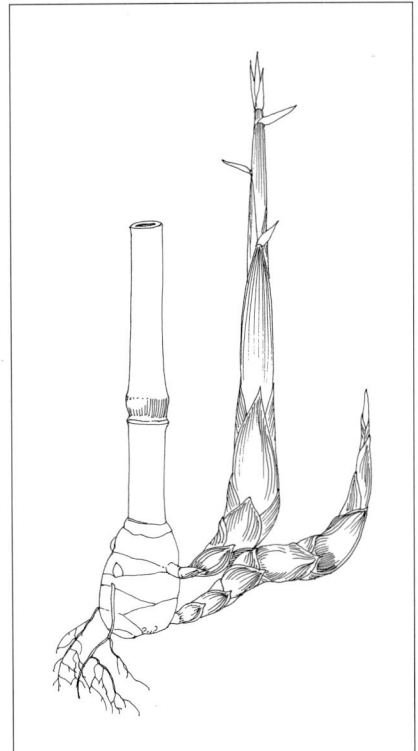

Eine alte Pflanze von *Fargesia nitida* unter hohem lichtem Baumbestand zusammen mit Farnen, Silberkerze und Wachsglocke.

folgenden Jahr entwickeln sich an den Knoten die ersten Seitentriebe mit den typischen Bambusblättern, die eine Größe von 10 cm Länge und 1,5 cm Breite erreichen können. Nach und nach bilden sich bis zu 10 Seitentriebe und die Halme hängen mehr und mehr über. Winterhärte bis −30 °C. Höhe 3—4 m.

Standort: sandig-humose, durchlässige aber feuchte Böden im Halbschatten. Lebensbereich: Gehölzrand, Freiflächen.

Vermehrung: durch Teilung, dabei Halme nicht zurückschneiden.

Fargesia nitida (Sinarundinaria nitida)

Gramineae
Schirmbambus

Von diesem ebenfalls wintergrünen horstigen Bambus, der zur Einzelstellung geeignet ist, sind etwas unterschiedlich aussehende Typen im Handel. Zwei von ihnen hat man benannt, es ist die Auslese 'Eisenach', kaskadenartig überhängend, und 'Nymphenburg', aufrecht, lockerwüchsig im oberen Teil überhängend. *F. nitida* wächst insgesamt straffer als *F. murielae* und hat kleinere Blätter. Die Halme sind in den ersten beiden Jahren weiß bemehlt, später dunkelgrün und rötlich, wie auch die Seitentriebe. Frosthärte bis −30 °C. Höhe 4—5 m.

Standort: sandig-humose, durchlässige, aber feuchte Böden im Halbschatten. Lebensbereich: Gehölzrand und Freiflächen.

Vermehrung: Teilung im Frühjahr, dabei Halme nicht zurückschneiden.

Beide Bambus-Arten rollen in kalten Wintern, besonders auch bei Einfall von Wintersonne, die Blätter ein. Sollten sie braun geworden und erfroren sein, so treiben sie in der Regel im Frühjahr aus den Halmen wieder aus.

Phyllostachys

Gramineae
Unrund

Phyllostachys ist, neben dem Schirmbambus, die bei uns am weitesten verbreitete Bambus-Gattung. Sein besonders harmonischer Wuchs macht ihn
zum Vorbild für viele asiatische Bambus-
bilder, es gibt Arten, die als Baumaterial,
und solche, die als Nahrungsmittel dienen. Seine recht hohe Frosthärte und
sein ausgezeichnetes Regenerationsver-
mögen nach Kälteeinbrüchen haben zu
seiner weiten Verbreitung in unseren
Breiten geführt. *Phyllostachys* ist Auslä-
fer treibend. Die Länge der Ausläufer ist
zum einen abhängig von der Art, zum
anderen aber auch von Alter, Standort
und Nährstoffversorgung der Pflanze.
Eine Besonderheit der Gattung sind die
Halme. Sie sind meist lebhaft gefärbt,
gelb, braun, dunkelgrün oder gestreift,
auch gepunktet können sie sein. Alle tragen sie ferner eine mehr oder weniger
lange Längsrinne, die entsteht, weil sich
die bereits vorgebildete Knospe des Seitentriebes in den weichen, wachsenden
Halm eindrückt. Diese Markierung (der
Sulcus) bleibt erhalten und war der An-
laß für die deutsche Namensgebung »Unrund«.

Phyllostachys aureosulcata

Gramineae
Gelbgruben-Unrund

Dieser dekorative Bambus treibt lange
Ausläufer und ist gut geeignet, wenn
man einen Hain anlegen oder eine Ge-
hölzpflanzung ergänzen möchte. Die
neuen Halme treiben ab Mai aus. Sie
sind zunächst mattgrün, etwas rauh, der
Sulcus ist gelb und bleibt es auch, wenn
der Halm allmählich heller wird. Die Halme wachsen aufrecht und sind am oberen Ende elegant übergebogen. Sie erreichen bei uns eine Höhe von 5 m.

Die Belaubung ist locker, mittelgrün
und bleibt immer transparent, für dichten Sichtschutz ist diese Art nicht geeignet. Winterhärte bis –30 °C.
Standort: humose, frische Böden im
Halbschatten.
Vermehrung: Teilung im Frühjahr.

Phyllostachys bissetii

Gramineae
Chengtu-Unrund

Elegant wachsender Bambus, der nur
kurze Ausläufer bildet. Die Halme sind
dunkelgrün, wachsen aufrecht, streben
oben trichterförmig auseinander und
hängen leicht über. Die Belaubung ist
dicht, die Pflanzen sind zur Einzelstellung und als Sichtschutz geeignet. Höhe
3—6 m, Winterhärte bis –30 °C.
Standort: humose, frische Böden im
Halbschatten. Der Art wird große Winterhärte nachgesagt.
Vermehrung: Teilung im Frühjahr.

Phyllostachys viridiglaucescens

Gramineae
Grünblauer Unrund

Neben *Fargesia* die bei uns am häufig-
sten anzutreffende Art mit langen Ausläufern, an deren Ende die Halme oft
schräg in die Höhe sprießen. Auch ausge-

**Ausläufer treibende
Bambus-Arten kön-
nen mit ihren har-
ten Triebspitzen
manches Hindernis
durchbohren und
große Gebiete
durchziehen.**

Phyllostachys
Foto Seite 58

Phyllostachys viridiglaucescens kann große, lockere Haine bilden, die Einzelhalme sind sehr grazil, in großer Zahl wirken sie dicht.

wachsen hängen sie in weitem, elegantem Bogen über. Sie bilden lichte Haine oder durchziehen locker einen Gehölzrand, man sollte dies jedoch nur zulassen, wenn der Garten nicht zu klein ist. Die Blätter sind glänzend grün, unterseits bläulich und behaart. Sie stehen locker an den Seitentrieben und lassen den Blick frei auf das Blaugrau der Halme, das allerdings erst sichtbar wird, wenn die Halmscheiden abgefallen sind. Höhe 6–10 m, Winterhärte bis –30 °C.
Standort: humose, frische Böden im Halbschatten.
Vermehrung: durch Teilung und Abtrennen der Rhizome im Frühjahr.

Pleioblastus pygmaeus

Gramineae
Dichtbüschel-Bambus

Bei diesem niedrigen, bodendeckenden Bambus gibt es einige Schwierigkeiten mit der Namensgebung. Er ist manchmal fälschlich auch als *Arundinaria pygmaea* oder *Pleioblastus chino* var. *viridis* f. *humilis* im Handel. Wer sich durch das Na-

mensdurcheinander nicht irritieren läßt und tatsächlich *P. pygmaeus* kauft, hat einen sehr widerstandsfähigen Bodendecker mit großem Ausbreitungsdrang in seinem Garten. Die Halme sind recht dünn, die kleinen blaugrünen Blätter werden im Herbst zum Teil weiß — und trocken. Höhe 35 cm, Winterhärte bis –30 °C.
Standort: humose, durchlässige Böden im Halbschatten. Gut unter Gehölzen.
Vermehrung: Teilung im Frühjahr.

Pleioblastus viridistriatus

Gramineae
Gelbbunter Buschbambus

Wie alle Mitglieder dieser Gattung verbreitet sich auch dieser Bambus durch Ausläufer und kann, besonders auf guten Böden, lästig werden. Er ist jedoch durch sein gelbgrün gestreiftes Laub besonders im Frühling sehr dekorativ. Im Verlauf des Sommers vergrünen die Blätter. Auch dann sind sie noch bemerkenswert, einmal wegen ihrer beidseitigen, weichen Behaarung, andererseits wegen ihrer Größe von fast 20 cm Länge und 2,5 cm Breite. Die Pflanze kann eine Höhe von 2 m erreichen und ist winterhart bis –25 °C. Sollten die Blätter einmal erfroren sein, ist der Austrieb nach einem Rückschnitt um so leuchtender.
Standort: durchlässige, humose, frische Böden in Halbschatten und Schatten.
Vermehrung: durch Teilung, Auspflanzen mit Topfballen.

Pseudosasa japonica (Arundinaria japonica)

Gramineae
Pfeilbambus

Dieser Bambus breitet sich allmählich durch Ausläufer aus und bildet dichte, fast undurchsichtige Büsche. Die schönen, 30 cm langen Blätter stehen am Triebende fächerförmig beisammen, junge Halme sind zunächst aufrecht, ältere

58

neigen sich allmählich leicht über, was der an sich kompakten Pflanze ein sehr elegantes Aussehen gibt. Die Winterhärte wird mit −23 °C angegeben, was jedoch nur die oberirdischen Teile betrifft, nach einem Rückschnitt regeneriert der Bambus sich rasch. Er erreicht eine Höhe von 1,5—3 m.

Standort: durchlässige, humose, frische Böden in Halbschatten und Schatten.

Vermehrung: durch Teilung, Auspflanzen mit Topfballen.

Sasa palmata

Gramineae
Palmwedelbambus

Wegen seiner nur kurzen Ausläufer ist dieser Bambus bevorzugt zur Einzelstellung oder zur Kombination mit Gehölzen geeignet. Er entwickelt große, eindrucksvolle Büsche. Die ledrigen Blätter können 30 cm lang und 10 cm breit werden und stehen palmwedelartig an den Triebenden. Die Halme sind grün, weiß bemehlt; bei der ebenfalls verbreiteten Unterart *S. p.* f. *nebulosa* sind sie braun getüpfelt. Der Palmwedelbambus erreicht eine Höhe von 2 m und hat eine Winterhärte von −30 °C.

Standort: durchlässige, humose, frische Böden in Sonne bis Schatten.

Vermehrung: durch Teilung, am günstigsten im Frühjahr, Auspflanzen mit Topfballen.

Ein niedriger Bambus mit starkem Ausbreitungsdrang ist *Pleioblastus pygmaeus*, hier unterirdisch durch nichtrostende Blechplatten gebändigt.
Siehe auch
Foto Seite 74

Sasaella ramosa (Sasa pygmaea, Arundinaria pygmaea)

Gramineae
Wucherzwergbambus

Wegen seines starken Ausbreitungsdranges wird dieser Bambus einerseits zur extensiven Begrünung, als Bodendecker im Schatten unter Gehölzen oder auf Böschungen sehr geschätzt, andererseits ist er in kleineren Anlagen gefürchtet; er wuchert noch stärker als *Pleioblastus pygmaeus*.

Die Blätter sind etwa 15 cm lang und 2 cm breit, unterseits dicht behaart. Die relativ dünnen Halme werden etwa 60 cm hoch; die Frosthärte der Pflanze liegt bei −30 °C.

Standort: normaler Boden in Halbschatten oder Schatten.

Vermehrung: durch Abtrennen der Rhizome im Frühjahr.

Verwendung von Gräsern im Garten

Man kann Pflanzen zwar ohne Rücksicht auf ihre natürliche Umgebung, rein nach ästhetischen oder architektonischen Gesichtspunkten verwenden, und viele Gestalter tun das, aber die Eigenart und besondere Ausdruckskraft der Gräser, auch ihre Gesundheit und ihr Wuchsverhalten scheinen doch in Gesellschaft mit Pflanzen ähnlicher Standorte und Herkünfte schöner und besser zu sein. Zwar ist es fast unmöglich, einen bestimmten natürlichen Standort im Garten genau nachzubilden — zu viele Faktoren, die wir nicht erkennen oder nicht nachvollziehen können, spielen mit hinein — aber ein Stück weit sind wir auf dem Weg dorthin schon vorangekommen. Die Einteilung der Pflanzen in Lebensbereiche nach Prof. R. Hansen ist, auch wenn sie nicht ganz frei ist von einer gewissen Schematisierung, eine große Hilfe für die richtige Verwendung einheimischer und fremdländischer Pflanzen geworden.

Dennoch werden wir gelegentlich feststellen, daß manche Gräser am Naturstandort wesentlich schöner aussehen und gesünder wirken als in unserem Garten, obwohl wir es doch so gut meinen und ab und zu mit Kompost — oder Düngergaben nachhelfen. Hier muß nun auf einen Fehler hingewiesen werden, der weit verbreitet ist, weil sich der besorgte Gartenbesitzer nur schwer vorstellen kann, daß eine Pflanze mit so wenig Erde, Dünger oder Wasser auskommen kann. Tatsächlich aber sind einige unserer schönsten Gräser (zum Beispiel *Stipa*- und *Festuca*-Arten), besonders die mit blaubereiften Blättern, ausgesprochen dankbar dafür, humusarme Erde und fast überhaupt kein Wasser zu bekommen.

Etwas können wir oft nur schwer nachbilden, das sind die freien, offenen Lagen, wie sie die Prärien Nordamerikas oder die Steppen Osteuropas verkörpern, wo ständige Luftbewegung, intensive Sonneneinstrahlung und zum Teil Winderosion herrschen, was natürlich in einem kleinen Hausgarten unmöglich zu realisieren ist. So dürfen wir uns nicht wundern, wenn die eine oder andere aparte Gräserschönheit nach einiger Zeit aus unserem Garten wieder verschwindet, obwohl wir doch scheinbar alles getan hatten, um ihren Lebensansprüchen gerecht zu werden.

Dennoch sollten wir uns nicht entmutigen lassen. Die allermeisten Gräser sind robuste und wunderschöne Pflanzengestalten, durchaus wert, daß man sich mit ihnen beschäftigt.

Die zu den einzelnen Gräsern und Gräsergruppen angeführten Begleitpflanzen sollen nur als Hinweis verstanden

werden und können lediglich Anregungen für die vielen Kombinationsmöglichkeiten geben.

Einzelgräser

Am Naturstandort kommen Gräser nicht einzeln vor in dem Sinne, wie wir sie oft gerne in unseren Gärten verwenden, nämlich als ornamentale, einen Akzent setzende Pflanze, von der wir meist nur ein Exemplar benötigen, um den gewünschten Eindruck zu vermitteln. Die großen, als Individuum wirkenden Gräser können, Schwerpunkte setzend, in Beziehung zur Architektur gepflanzt werden, zum Beispiel im Eingangsbereich zu Gebäuden, vor Mauern, in Innenhöfen, an Terrassen oder Pergolen.

In dieser Situation sollten ihnen untergeordnete Pflanzen zugesellt werden, um ihre Ausdruckskraft überzeugend zur Geltung kommen zu lassen.

Sehr hohe Einzelgräser (Höhe 150/300 cm) für sonnige Standorte

Arundo
Foto Seite 19
Miscanthus
Fotos Seite 6
und 40

Miscanthus sinensis als hohes Solitärgras. Rechts der Treppe *Helictotrichon.*
Es wirkt nicht nur in kleinen Gruppen, sondern auch einzeln gestellt.

Arundo donax, Pfahlrohr
Cortaderia selloana, Pampasgras
Miscanthus sinensis, Chinaschilf
Molinia arundinacea, Riesenpfeifengras

Das Pfahlrohr oder Riesenschilf gehört an ganz besonders warme Plätze, dort bleibt es sogar fast wintergrün. Am besten unterpflanzt man es mit gleichermaßen wärmeliebenden Pflanzen, zum Beispiel mit *Agapanthus campanulatus, Ceratostigma plumbaginoides* (Bleiwurz), mit niedrigen Rosen und dazwischen eingestreuten Madonnenlilien oder auch mit Sommerblumen, wie *Hibiscus trionum* (gelb mit dunklem Mittelfleck) *Eschscholzia californica* (Schlafmützchen) oder *Glaucium flavum*, dem aparten Hornmohn.

Im Gegensatz zum kräftiggrünen Pfahlrohr steht das graugrüne Pampasgras, und es sollte auch mit Pflanzen kombiniert werden, die sich diesem Farbton anpassen: mit graulaubigen Stauden wie *Anaphalis, Artemisia, Stachys byzantina* oder Sommerblumen, mit lichtblau oder rosa blühenden Pflanzen, und wunderschön sieht es aus in einer großen Gruppe von *Rhynchelytrum repens*, dem einjährigen Rubingras.

Kaum zu beschreiben ist die Fülle und Schönheit der vielen Sorten des Chinaschilfs. Die kräftigen Blattbüsche und die fedrigen Blütenstände zieren das ganze Jahr über und fehlen dann in der kurzen Zeit nach dem Rückschnitt im Frühjahr meist sehr. Eigentlich brauchen sie gar keine Nachbarn, sie sind selbst schön genug. Bei manchen könnte man gewisse Schwachstellen verdecken, nämlich die Wurzelbereiche und die von unten abtrocknenden Halme, welche die Pflanzen im Laufe des Sommers etwas hochbeinig erscheinen lassen. *Sedum telephium* (hohes Herbst-Sedum), *Euphorbia polychroma* (Goldwolfsmilch), *Saponaria × lempergii* (Herbstteppich-Seifenkraut) oder auch *Hypericum*-Arten (Johanniskraut) wären dafür geeignet.

An besonderen Stellen, wo man es im Winter nicht vermißt, kann auch das Riesenpfeifengras als Solitärpflanze verwendet werden, denn seine dunkelgrünen Blattbüsche sind sehr ausdrucksvoll. Seinen Höhepunkt hat das Gras im Spät-

sommer und Herbst, wenn die straffen Blütenhalme hoch aufgewachsen sind und sich langsam gelb verfärben. Vor dunklen Koniferen oder einer Ziegelmauer zusammen mit *Clematis tangutica* oder *C. serratula* und *Aster ericoides*, entsteht ein eindrucksvolles Herbstbild.

Sehr hohe Einzelgräser (Höhe 150/300 cm) für mehr oder weniger schattige Bereiche

Fargesia murielae, Hellgrüner Schirmbambus
Fargesia nitida, Schirmbambus
Phyllostachys bissetii, Chengtu-Unrund
Pseudosasa japonica, Pfeilbambus
Sasa palmata, Palmwedelbambus

Als Solitärgräser im Schatten kommen eigentlich nur die nicht ausläufertreibenden Bambus-Arten in Frage. Sie unterscheiden sich zwar in Blattgröße und Wuchsform zum Teil erheblich, wirken jedoch alle elegant und zugleich bestimmend. Vielleicht sollte man sie ohne jede weitere Pflanze wirken lassen, nur in Gemeinschaft mit Steinen oder Kies, wie die Japaner es tun. Wem aber doch ein grüner Untergrund lieber ist, könnte Efeu, Johanniskraut (*Hypericum calycinum*), Gedenkemein *(Omphalodes verna)*, Funkien-Arten oder Elfenblume *(Epimedium)* darunter pflanzen und sich ausbreiten lassen.

Gruppen- und Flächengräser

Dem natürlichen Vorkommen entspricht die Verwendung in kleinen, unregelmäßigen Gruppen zu 3 bis 10 Stück, je nach Größe der Anlage, in Verbindung zu Stauden, Sommerblumen oder Gehölzen mit ähnlichen Ansprüchen. Dabei können sie durchaus auch Solitärcharakter haben, besonders zur Zeit der Blüte, wenn sie über ihren Halmbusch hinausblühen.

Hohe Gruppengräser (Höhe 40/80 cm oder höher) für offene, sonnige Plätze

Achnatherum calamagrostis, Goldährengras
Andropogon gerardii, Präriebartgras
Calamagrostis × *acutiflora* 'Karl Foerster', Reitgras

Achnatherum calamagrostis kommt weiträumig gepflanzt, in lockeren Gruppen am besten zur Wirkung.

Zu einem einzeln stehenden Bambus paßt auch eine Gruppe niedriger Gräser.

Andropogon
Foto Seite 17
Calamagrostis
Foto Seite 20

Eragrostis curvula, Liebesgras
Festuca mairei, Atlas-Schwingel
Helictotrichon sempervirens,
   Blaustrahlhafer
Panicum virgatum, Rutenhirse
Pennisetum alopecuroides, Australisches
   Lampenputzergras
Rhynchelytrum repens, Rubingras
Sorghastrum nutans, Goldbartgras
Spartina pectinata 'Aureomarginata',
   Goldleistengras
Spodiopogon sibiricus, Zottenraugras
Stipa-Arten, Federgras

Diese ausdrucksvollen Gräsergestalten sind ausgezeichnet dazu geeignet, auf einer Staudenrabatte oder in einem Rosenbeet Schwerpunkte zu setzen, einige von ihnen passen eher auf ein extrem trockenes Steppenheidebeet, einen Südhang mit durchlässigem Sandboden oder eine voll besonnte Terrasse. So könnten *Stipa*-Arten und *Andropogon gerardii*, zusammen mit *Berberis thunbergii* 'Atropurpurea', rotblättrigem Salbei *Salvia officinalis* 'Purpurascens', rosablühendem Gamander *Teucrium chamaedrys*, und kleinen Flächen von *Silene maritima*

'Weißkehlchen' an einem Terrassenhang stehen. Bis zur Blüte des Federgrases, das so plaziert sein muß, daß seine silbrigen Grannen vor der dunkelroten Berberitze zu stehen kommen, kann der Sternkugellauch *(Allium christophii)* seine amethystfarbenen Kugeln zeigen.

Weniger anspruchsvoll an den Standort als die Federgräser sind die übrigen Gräser dieser Gruppe. Schön zusammen mit Polyantharosen sind: *Achnatherum* mit weißen und zart rosafarbenen Sorten, *Sorghastrum nutans* und *Panicum virgatum* mit gelben Sorten und *Helictotrichon sempervirens* mit kräftig rosablühenden Sorten. Bei solchen Zusammenstellungen ist es schön, wenn es gelingt, daß die Farbe der Rosenblüte wenigstens für kurze Zeit mit der Farbe der Grasblüte harmoniert (bei *Achnatherum* und *Sorghastrum*), später freut man sich über den Farbkontrast, der die Wirkung einer jeden Pflanze noch zu steigern scheint (das Gelb der Rosen und das Rotbraun von *Sorghastrum* und *Panicum* sowie das Rosen-Rosa mit dem Stahlblau von *Helictotrichon*).

Im Frühjahr, wenn Gräser und Rosen noch schlafen, könnten gelbe und blaue Krokusse das Beet durchziehen.

Das ausladende Liebesgras, das trotz seiner Fülle leicht und graziös wirkt, ist

ein guter Partner für große Strauchrosen-
büsche, ebenso wie der Atlas-Schwingel
(Festuca mairei). Die aufrechten und etwas strengen Formen von Reitgras und
Zottenraugras können besser auf einer
Staudenrabatte für Ordnung sorgen.
Während des Sommers sind ihre Grasbüsche noch ganz harmlos und schön grün,
drumherum könnte die unordentliche
Gaillardia × *grandiflora* 'Kobold' zusammen mit *Coreopsis lanceolata* 'Sonnen-
kind' ein wenig für Aufregung sorgen,
bis sich, wenn die starren, leuchtend
goldgelben Fruchtstände des Reitgrases
fertig entwickelt sind, einige Blütentrie-
be der blauen *Aster laevis* sich daran an-
lehnen; zum dunkleren Zottenraugras
sollte sich besser die gelbe *Rudbeckia
deamii* gesellen. Im Vordergrund ist
dann vielleicht noch Platz für das Lampenputzergras oder das duftige Rubingras.

Der gelbliche Busch
von *Molinia caeru-
lea* ssp. *caerulea*
'Variegata' wirkt
wie ein Lichtpunkt
zwischen den Stau-
den.

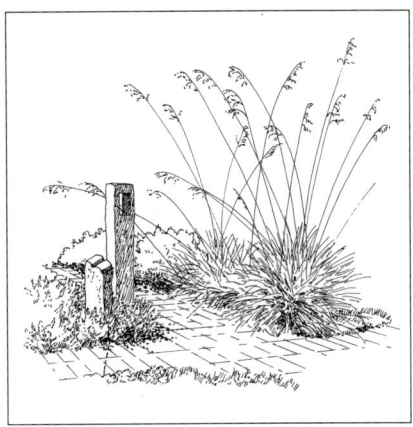

Mittelhohe Gruppengräser
(Höhe 30/50 cm)
für offene, sonnige Plätze

Arrhenatherum elatius ssp. *bulbosum*
  'Variegatum', Weißbunter
  Knollenglatthafer
Bouteloua oligostachya, Moskitogras
Briza media, Zittergras
Carex buchananii, Braune Segge
Carex elata 'Bowles Golden', Goldgelbe
  Wasserbültensegge

Carex grayi, Morgensternsegge
Carex muskingumensis, Palmwedelsegge
Koeleria glauca, Schillergras
Melica ciliata, Wimperperlgras
Pennisetum orientale, Orient-
  Lampenputzergras
Sesleria autumnalis, Herbstkopfgras
Sesleria heuffleriana, Grünes Kopfgras

Ferner die einjährigen Gräser:
Agrostis nebulosa, Straußgras
Briza maxima, Riesenzittergras
Hordeum jubatum, Mähnengerste
Lagurus ovatus, Hasenschwanzgras
Panicum capillare, Haarstielhirse
Pennisetum setaceum, Fontänengras
Pennisetum villosum, Wolliges
  Federborstengras

Hier haben wir es zum Teil mit ganz
zarten Gräsergestalten zu tun, die behut-
sam verwendet werden müssen, um ihre
Schönheit zur Geltung zu bringen. Sie
gehören in Steinanlagen, aber nicht dorthin, wo große Platten, Kiesel oder Find-
linge liegen, sondern an kleinräumige,
feinschotterreiche Plätze mit durchlässigen, aber nicht zu trockenen Böden. Es

Einen dekorativen
Akzent können
Gräser wie Atlas-
Schwingel, Blau-
strahlhafer oder
Goldährengras an
einer Weggabelung
setzen.

Fotos von
Carex
Seite 23, 25
Melica
Seite 39
Pennisetum
Seite 8, 43, 44
Sesleria
Seite 47, 48
Hordeum
Seite 7
Lagurus
Seite 37

Auf kargen, sonnigen Standorten wird *Melica ciliata* nicht groß (Abb. Seite 39). Ihre fruchtgeschmückten Horste wirken, locker über die Fläche verteilt, wie kleine Sträuße.

Konstrastreiches Zusammenspiel von *Allium christophii* und *Pennisetum orientale*.

sind dies *Arrhenatherum*, das wir etwas absonnig plazieren sollten, da auch im leichten Schatten die weißbunten Blätter schöner leuchten, *Bouteloua*, das Moskitogras, dessen aparte Blüten vor einem ruhigen Hintergrund besonders gut zur Wirkung kommen, ebenso wie *Briza media*, ferner *Melica ciliata*, dessen weißliche Blütenstände sich herrlich im Gegenlicht ausnehmen, und *Koeleria glauca*, die wir so pflanzen sollten, daß ihre unschöne Phase nach der Blüte im Juni nicht so stark auffällt.

Diese hübschen Einzelgestalten brauchen niedrige Nachbarn, die ihnen keine Konkurrenz machen, zum Beispiel *Helianthemum* (Sonnenröschen), *Carlina acaulis* (Wetterdistel), *Linum perenne*, (Lein), *Potentilla alba* und *P. cinerea* (niedrige Fingerkräuter) oder *Veronica spicata* und *Thymus serpyllum*.

Andere Gräser sind robuster. Sie bilden geschlossene, kräftige Halmbüsche aus, die für sich selbst sprechen und auch kräftigere Nachbarn vertragen. Die Feuchtigkeit liebende Morgensternsegge läßt sich gut kombinieren mit Trollblumen und Himmelsleiter, *Polemonium caeruleum* (das nach einem Rückschnitt ein zweites Mal blüht) oder mit der im Spätsommer blühenden *Chelone obliqua* (Schildblume) und der blaublühenden

Staudenlobelie, *Lobelia siphilitica*. Die Palmwedelsegge hat zwar einen Namen, der auf eine lockere Pflanzengestalt schließen läßt, eine ältere Pflanze wirkt jedoch ziemlich dicht und ein wenig blockhaft. Eine willkommene Auflockerung könnte die Gauklerblume oder das Sumpfvergißmeinnicht zwischen die Blatthorste bringen. Ein Gras, das sich ebenfalls an feuchten Stellen in der Sonne (oder an trockeneren im Schatten) wohlfühlt, ist *Carex elata* 'Bowles Golden' · Diese gelbgrüne Sorte ist nicht so starkwüchsig wie die Art und mit ihren adretten Horsten hübsch zusammen mit *Alchemilla mollis*, dem Frauenmantel und *Lysimachia nummularia*, dem Pfennigkraut, als niedrigem Bodendecker.

Wer sich eine zartrosa Gräserecke schaffen möchte, der sollte es an einem offenen, sonnigen Platz einmal mit einer Gruppe *Pennisetum orientale* versuchen. Als Vertikale paßt *Miscanthus sinensis* 'Rotsilber' dazu und als Zwischenpflanzung legt sich der (wie Gänseblümchen aussehende) einjährige Feinstrahl *Erigeron karvinskianus* wie ein Teppich über den Boden. Wenn noch ein wenig Platz ist, könnte man das ebenfalls einjährige Rubingras, *Rhynchelytrum repens* hinzufügen — wahrhaft ein sommerlicher Rausch in Rosa.

Ein besonderer Gast aus Neuseeland ist *Carex buchananii*. Seine auffälligen braunen Halme mit den gedrehten Spitzen haben uns vielleicht verleitet, das Gras zu kaufen, nun ist es schwierig, es unterzubringen. Es paßt zwar ins Alpinum, an eine Stelle, die etwas feuchter bleibt als das vollbesonnte Kernstück der Anlage, aber es hebt sich von Kies und Steinen nur wenig ab — eigentlich bräuchte es einen hellen, ruhigen Hintergrund. Zumindest eine ruhige Umgebung können wir schaffen, wenn wir es zwischen Polster von *Armeria maritima* (Grasnelke) oder *Anthemis biebersteiniana* 'Tetra' (Goldkamille) pflanzen; irgendwo in der Nähe könnten grünbraune Hauswurz *(Sempervivum)* die Farbe der Halme noch einmal aufnehmen.

Die beiden *Sesleria*-Arten bilden hübsche hellgrüne Blattbüsche, die das ganze Jahr über hervorragend aussehen, beide fühlen sich im halbschattigen Gehölzbereich recht wohl oder auch im absonnigen Steingarten, und beide lieben kalkhaltige Böden. Dennoch hat jedes seine Eigenart, die es für uns interessant macht: *Sesleria heuffleriana* ist eines der ganz früh blühenden und austreibenden Gräser und *S. autumnalis* beginnt erst im September mit dem Blühen. Natürlich ist es reizvoll, dem jahreszeitlichen Höhepunkt der Gräser entsprechende

Pflanzen zuzuordnen. Im April, wenn das grüne Kopfgras bereits blüht, könnte es mit Leberblümchen wetteifern oder aus einem Teppich von Schneeglanz *(Chionodoxa luciliae)* heraus wachsen, der wiederum im Laufe des Frühsommers von Elfenblumen (*Epimedium* × *youngianum* 'Lilacinum') überdeckt wird und den ganzen Sommer hindurch hübsch aussehen wird. Im Herbst, wenn wir unser Augenmerk auf das Herbstkopfgras lenken, könnte seine Wirkung durch ausdrucksvolle Nachbarn gesteigert worden sein, zum Beispiel durch die mit tausend weißen Sternchen blühende *Aster divaricatus* und *Ligularia tangutica* (Kreuzkraut), die mit ihren gelben Blüten den Farbton des Grasbusches genau trifft (man sollte sie im Auge behalten, da sie am passenden Standort durch Wuchern lästig werden kann).

Etwas Besonderes unter den Gruppengräsern sind die einjährigen. Sie sind, wie die übrigen Sommerblumen auch, nicht so sehr standortbezogen, sondern fühlen sich am wohlsten, wenn sie einen lockeren, nahrhaften Boden vorfinden und in der prallen Sonne stehen können. Das bedeutet, daß sie entweder mit anderen Einjahrespflanzen oder mit

Typische Bepflanzung einer Freifläche (Steppenheide) mit *Stipa pulcherrima* f. *nudicostata*, Reiherfedergras, in vollem Fruchtschmuck (siehe auch Abb. Seite 52).

An feuchten Stellen kann die Morgensternsegge große Bestände bilden. Als Begleitpflanze eignet sich hier auch der Blutweiderich.

Fotos von
Carex
Seite 22
Festuca
Seite 2, 30, 31 und
32

Festuca ovina
fühlt sich, wie alle
Schwingel, auf
durchlässigen
Böden zwischen
Steinen besonders
wohl.

Rosen kombiniert werden sollten, oder auf der sonnigen Staudenrabatte des Lebensbereiches »Beet« Verwendung finden könnten. Dort, rhythmisch gepflanzt, können ihre meist silbrig-weißen Blüten- und Fruchtstände helle Akzente setzen, die blaue und violette Blütenfarben beleben, rote und orange dagegen dämpfen. Schön wäre auch eine vergleichsweise ruhige Komposition aus Grün, Weiß und Silber. Auf keinen Fall dürfen die Gräser zu dicht gepflanzt werden (auch wenn so viele Sämlinge herangewachsen sind, daß alle Freunde schon genug davon haben), denn ihre schöne Einzelgestalt kommt sonst nicht zur Geltung.

Es ist denkbar, die einjährigen Gräser in einem eigenen kleinen Gräsergarten unterzubringen, dessen Gerüst sozusagen aus Staudengräsern oder ausdauernden Pflanzen besteht, wie *Cortaderia selloana* oder *Miscanthus*-Sorten, *Yucca*, *Calluna* (auf sauren, sandigen Böden), Salbei, *Artemisia*, auch Koniferen wären denkbar, da die duftigen Fruchtstände sich vor dunklem Hintergrund besonders hübsch ausnehmen. Die Gerüstpflanzen würden der Anlage auch im Winter Struktur verleihen, im Frühling können die Gräser an Ort und Stelle gesät oder nach der üblichen Vorkultur im Mai in kleinen Büscheln ausgepflanzt werden. In diesem Fall gäbe es die Möglichkeit, dem sommerlichen Gräsergarten einen Frühlingsblumenzwiebelgarten vorausgehen zu lassen.

Sehr hübsch sind Kombinationen von Sommerblumen mit Einjahrsgräsern, zum Beispiel Zinnien und die Mähnengerste, blaue Statice *(Limonium)* mit dem Hasenohr oder Zittergras, Pompon-Dahlien oder Sommerastern mit dem Fontänengras, niedrige Verbenen unter einem Schleier vom Rubingras. Natürlich sind die einjährigen Gräser nicht von so lange anhaltender, gleichmäßiger Schönheit wie Sommerblumen, denn sie blühen nur einmal und fruchten und vergilben anschließend, so daß sie ab Mitte des Sommers als gelbbrauner Farbtupfer in

Erscheinung treten; die Struktur der Fruchtstände bleibt jedoch noch lange erhalten.

Niedrige und bodendeckende Gräser für sonnige Standorte

Carex montana, Bergsegge
Carex ornithopoda 'Variegata',
    Weißbunte Vogelfußsegge
Festuca amethystina,
    Regenbogenschwingel
Festuca cinerea, Blauschwingel
Festuca ovina, Schafschwingel
Festuca soparia, Bärenfellschwingel
Festuca valesiaca 'Glaucantha',
    Zwergblauschwingel
Poa glauca, Hechtblaues Rispengras
Sesleria albicans, Kalk-Blaugras

Diese Gräser für sonnige Standorte stammen aus den Lebensbereichen Steinanlagen und Felssteppe, was bedeutet, daß sie sandige oder steinige, auf jeden Fall aber durchlässige Böden brauchen, um einigermaßen ausdauernd und befriedigend zu gedeihen. Es gilt das schon bei den Gruppengräsern Gesagte: Ihrem natürlichen Vorkommen entsprechend sollte man Gräser nicht massenweise pflanzen und auf einer größeren Fläche nur eine einzige Art vorsehen. Bodendeckend heißt hier also nicht großflächig und womöglich dicht. Man würde

so zwar einen raschen Bestandsschluß erreichen, doch würden die Pflanzen bald vergreisen, lückig werden und dem Ausbreitungsdrang der Unkräuter nicht mehr widerstehen können.

Kleine, unregelmäßig angeordnete Gruppen von 10 bis 20 Stück einer Sorte tragen dem natürlichen Entwicklungs- und Alterungsprozeß am ehesten Rechnung, sie werden, um größere Flächen zu bilden, mit geeigneten niedrigen Stauden vergesellschaftet. Die meisten der sonnenliebenden Gräser haben grün-grau oder blaugrün gefärbte Blätter. Das ist ein Schutz gegen zu starke Verdunstung, und die Stauden, die wir ihnen zugesellen, sollten den gleichen Schutz haben, das heißt, die gleichen Standortbedingungen bevorzugen. Es ist unsinnig, zum Beispiel Bergenien und Blauschwingel zusammen zu pflanzen; entweder gedeihen die Bergenien, die wir ab und zu wässern und düngen müssen, und der Blauschwingel wird grün, weich und faul, oder der Blauschwingel fühlt sich wohl und die Bergenie verschrumpelt.

Wurde von der Blaufärbung der Sonnengräser gesprochen, hier nun gleich die Ausnahme: die Bergsegge und die Vogelfußsegge sind beide grün bzw. grün-weiß gestreift und folglich keines von den Gräsern, die auf Hitze und Trokkenheit unbedingt angewiesen sind. Vielmehr gehören sie dem Grenzbereich an, das heißt, sie vertragen recht viel Sonne, fühlen sich jedoch auch im lichten Schatten wohl, was bedeutet, daß wir sie mit Bergenien durchaus zusammenpflanzen könnten. Es gibt noch weitere Stauden, die mit diesen Gräsern zusammen die Mittlerrolle zwischen Hell und Dunkel am warmen Gehölzrand spielen könnten: die Winterheide, *Erica carnea*, die edlen Wildalpenveilchen *Cyclamen coum* und *C. hederifolium, Polygonum affine*, der Teppichknöterich oder die lange, dünne Ausläufer bildende, zarte Trugerdbeere, *Duchesnea indica*. Natürlich muß dann der Boden auch etwas anders beschaffen sein, der durch Laubfall bedingte Humusanteil kann durchaus grö-

ßer sein als für die *Festuca*-Arten, denen wir uns nun zuwenden.

Festuca amethystina wächst zunächst polsterig, im Alter flächig. Im Laufe der Jahre hebt sie sich jedoch vom Boden ab, wächst sozusagen auf ihrem eigenen Humus und wird ziemlich unansehnlich. Man sollte die alten Halme von Zeit zu Zeit ausraufen, später aber doch teilen (nach 4–5 Jahren) und neu einsetzen. Hübsche Partner könnten sein: *Calluna*, Heidekraut-Arten, *Veronica spicata* (Kerzenveronika), *Aster amellus*, die herbstblühende Bergaster, *Origanum vulgare* 'Compactum', der niedrige, halbkugelig wachsende Majoran, oder *Ceratostigma plumbaginoides*, die Bleiwurz, die durch kurze drahtige Ausläufer langsam immer größere Flächen besetzt.

Etwas zierlicher sind *Festuca cinerea*, mit Sorten, und besonders *F. valesiaca* 'Glaucantha' · Wie die vorige Art sind auch sie nur auf mageren, trockenen und warmen Standorten dauerhaft. Die schöne stahlblaue Blattfärbung setzt auffällige Akzente, die einer passenden Begleitflora bedürfen. Da wären die Polsternelken, *Dianthus plumarius* 'Altrosa' oder 'Diamant' zu nennen, der Dalmatiner Storchschnabel *(Geranium dalmaticum)* oder das niedrige Teppich-Schleierkraut *(Gypsophila repens)* und all die rotlaubigen *Sedum*-Arten sowie die kleinen frühblühenden Zwergiris. Auch Blumenzwiebeln sind eine schöne Ergänzung für die Gräser, im Frühling ein hellblauer Teppich von *Crocus tommasinianus*, im Sommer ein Reigen von *Allium sphaerocephalum*, einem Lauch, der auf dünnen Stielen purpurfarbene Blütenköpfe bildet.

Einen ganz anderen Charakter hat *Festuca scoparia*. Seine leuchtendgrünen Grasbüsche fühlen sich zwischen Kies und Stein in der Sonne, aber auch im Halbschatten wohl. Die sonnig und hell stehenden Pflanzen bilden feste, kompakte Polster aus, die schattig stehenden sind weicher und lockerer. Wegen des schönen gleichmäßigen Grüns seiner zarten Blatthalme ist es sehr verlockend, das Bärenfellgras mit kontrastierenden Blattpflanzen zu kombinieren; etwa mit *Hosta plantaginea*, deren leuchtend weiße Blüten herrlich duften, mit den verschiedensten Bergenien oder *Alchemilla*, dem Frauenmantel in der Sonne oder auch im Halbschatten, dort ferner mit den mehr schatten- und feuchtigkeitsliebenden Funkien-Arten, wie *Hosta ventricosa* (glänzend dunkelgrünes Blatt), *Hosta lancifolia* (dunkelgrünes, schmales, überhängendes Blatt) oder auch *Hosta undulata* 'Univittata' (Blatt gewellt, in der Mitte weiß). Sehr hübsch ist das Bärenfellgras auch als Unter- und Vorpflanzung zu *Polygonatum*, dem Salomonssiegel, dessen überhängende Triebe dann besonders gut zur Geltung kommen, oder zu *Astilboides tabularis*, dem mächtigen Schaublatt mit seinen tellerförmigen Blättern. An solchen Plätzen ist es jedoch nicht sehr langlebig und muß ab und zu neu gepflanzt werden.

Poa glauca und *Sesleria albicans* sind wieder zwei »richtige« Sonnengräser. Beide sind sie kalkliebend und deshalb gut geeignet für das Alpinum. Natürlich werden wir dort keine größeren Flächen mit Gräsern anlegen, aber vielleicht kann eine größere Gruppe einmal als Überleitung zu angrenzenden Pflanzungen dienen. *Poa glauca* bildet dichte, stachelig wirkende Polster aus dünnen zusammengerollten Blättern, *Sesleria* wirkt schon alleine durch die Zweifarbigkeit seiner breiteren Blätter unruhiger. Seine Wirkung kommt in Verbindung mit einem ganz niedrigen Teppich von blaugrünem Stachelnüßchen *(Acaena buch-*

ananii) oder der bräunlichgrünen Art *(A. microphylla)* besonders gut zur Geltung, sehr ansprechend ist auch der Kontrast zur Walzenwolfsmilch *(Euphorbia myrsinites)* oder zu der leuchtend karminrosa blühenden Mohnmalve *(Callirhoe involucrata)*, einem Gast aus Amerika, der auf trockenwarmen Plätzen seine langen, blütenbesetzten Triebe auf dem Boden ausbreitet.

Hohe Gruppengräser (Höhe 200 cm und höher) für mehr oder weniger schattige Bereiche

Fargesia murielae, Hellgrüner Schirmbambus
Fargesia nitida, Schirmbambus
Phyllostachys aureosulcata, Gelbgruben-Unrund
Phyllostachys viridiglaucescens, Grünblauer Unrund
Pseudosasa japonica, Pfeilbambus
Sasa palmata, Palmwedelbambus

Für schattige Plätze im Garten, z. B. die Nordseiten von Gebäuden, Zäunen und Mauern, oder unter großen Gehölzen, wenn es dort nicht gar zu trocken und dunkel ist, eignet sich als einziges Gras der Bambus zur Anlage einer Abpflanzung oder eines Haines. Die übrigen hohen Gräser versagen hier, besonders *Miscanthus* ist blühfaul und bildet nur wenige, weiche Triebe aus, nicht nur weil es ihm zu dunkel, sondern wahrscheinlich auch, weil es nicht warm genug ist.

Aber Bambus ist nicht irgendein Gras, Bambus ist eigentlich ein Thema. Schon eine einzige Pflanze, wenn sie ausgewachsen ist, schafft eine Atmosphäre, auf die man mit passenden Nachbarpflanzen reagieren sollte. Am schönsten ist es, wenn so viel Platz vorhanden ist, daß ein richtiger Bambushain angelegt werden kann. Hierfür bieten sich die horstartig wachsenden beiden *Fargesia-*

Fotos von
Fargesia
Seite 56
Phyllostachys
Seite 58

Sesleria albicans und *Veronica incana* bilden auf warmen, steinigen Plätzen eine dauerhafte Gemeinschaft.

Arten an. Bedenkend, daß die Büsche im Alter sehr dicht werden und weit überhängen, sollten sie schon bei der Anlage weit genug auseinander gepflanzt werden (mindestens 4 m), damit nicht zu bald geschnitten oder gar verpflanzt werden muß. Die Zwischenräume können mit *Epimedium perralderianum*, der gelbblühenden wintergrünen Elfenblume, mit *Asarum europaeum*, dem Haselwurz oder auch *Astilbe chinensis* var. *pumila*, die mehr Sonne verträgt, unterpflanzt werden. Als etwas höhere Zwischenpflanzung könnte man sich *Carex pendula* denken.

Eine ganz andere Art von Hain entsteht, wenn wir statt des horstig wachsenden Bambus den ausläufertreibenden (*Phyllostachys*) verwenden. Er bietet sich für größere Gärten an und schafft schönere Übergänge zu Gehölzpflanzungen, wenn man ihn hineinwachsen läßt, als die *Fargesia*-Arten es tun. Durch seine langen Ausläufer kann *Phyllostachys* zwar größere Flächen durchziehen, er wird jedoch nie so dicht und lästig, daß man seiner nicht mehr Herr würde. Reizvoll ist, wenn unerwartet hier und dort im Frühling neue Triebe herauskommen und der Weg durch den Hain nun einen etwas anderen Verlauf nehmen muß, damit wir wieder von neuem bewundern können, wie aus einem kahlen, spitzen Trieb nach und nach ein wunderschöner Halm mit dekorativ überhängenden Seitentrieben und Blättern wird.

Die Unterpflanzung von Bambus sollte nicht zu unruhig und vielfältig sein — man braucht von seiner Schönheit nicht abzulenken. Efeu, Johanniskraut *(Hypericum calycinum)* oder Dickanthere *(Pachysandra terminalis)* wären geeignete Bodendecker.

Für die Gestaltung der Gehölzkulisse bieten sich viele Möglichkeiten, es sei hier nur eine herausgegriffen, die etwas an die Verhältnisse in der Heimat des Bambus erinnert: In japanischen Gärten gibt es zweimal im Jahr farbliche Höhepunkte, im Frühling mit der Kirsch- und Azaleenblüte und im Herbst mit der Rot-

färbung der Ahorn-Arten. Wenn wir uns davon etwas zu eigen machen, würde es bedeuten, als Gehölze Japanische Zierkirschen, Japanische Azaleen, vielleicht auch die sommergrünen Azaleen-Hybriden, die ja eine sehr schöne Herbstfärbung haben, den Duftschneeball *(Viburnum fragrans)* oder *Viburnum plicatum* 'Mariesii' (Japanischer Schneeball) für eine attraktive Frühlingskulisse zu verwenden. Nach dem ruhigen grünen Sommer, der zum Betrachten von Blattformen und Grüntönen einlädt, folgt das Herbstfeuer mit Ahornarten wie *Acer ginnala* (gelbrot), *Acer rubrum* (rot), Birke, *Betula maximowicziana* (gelb), dem Katsurabaum, *Cercidiphyllum japonicum* (gelb), in welchem der sich besonders schön rot verfärbende Wein, *Vitis coignetiae*, ranken könnte, mit *Liquidambar styraciflua* (rotviolett), dem Amberbaum, und *Amelanchier canadense* (gelb-orange), der Felsenbirne. Die Reihe ließe sich noch durch manch anderes buntlaubiges Gehölz fortsetzen.

Ähnlich wie die *Fargesia*-Arten lassen sich der Pfeilbambus und der Palmwedelbambus verwenden. Ihre Ausläufer sind nur kurz, so daß die Büsche dichter bleiben. Ferner bilden ihre bis 30 cm langen und recht breiten Blätter eine dichte

Eine größere Gruppe von *Fargesia* läßt eine besondere Stimmung entstehen.

Blattmasse, welche diese Bambus-Arten zu guten Sichtschutzpflanzen werden läßt, aber nur an Plätzen mit Schutz vor Wintersonne (auch wenn man immer wieder lesen kann »bei genügend Feuchtigkeit auch in der Sonne«), denn bei Kälte und strahlendem Sonnenschein vertrocknen die Pflanzen, und die schönen wintergrünen Blätter werden braun und fallen ab, und wir müssen bis zum Mai auf neue warten. Da *Sasa* und *Pseudosasa* zudem zu den weniger lichthungrigen Pflanzen gehören, sind sie für schattige Plätze besonders gut geeignet.

Mittelhohe Gruppengräser (Höhe 30/50 cm) für mehr oder weniger schattige Bereiche

Carex morrowii 'Variegata', Weißbunte Japansegge
Carex pendula, Riesensegge
Deschampsia cespitosa, Rasenschmiele
Melica altissima 'Purpurea', Riesenperlgras
Molinia caerulea, Kleines Pfeifengras
Poa chaixii, Waldrispengras

Leider ist Schatten nicht gleich Schatten, und so ist zu unterscheiden zwischen dem warmen, trockeneren Schattenplatz an der Südseite von Gehölz- und Baumgruppen und dem feuchten, kühlen Schatten an der unbesonnten Seite von Gehölzen. Auf ersterem fühlen sich *Deschampsia* und *Molinia* wohl, sie gedeihen bei genügend Feuchtigkeit auch in der Sonne, die anderen Gräser bevorzugen als echte Waldgräser die luft- und bodenfeuchteren, auch humusreicheren Böden im kühlen Schatten.

Die Rasenschmiele sollte man wirklich nur in kleinen Gruppen von 3 bis 5 Stück einer Sorte verwenden — oder auch als Solitär —, denn der Blattbusch und besonders die Fülle der leichten Blütenrispen, die in großer Höhe über den Blättern stehen, sind so dekorativ, daß

sie nicht eingeengt werden sollten. Als niedrige Grundpflanzung, die eine ruhige Umgebung schafft, könnten *Waldsteinia ternata* (niedrige Waldsteine), *Geranium macrorrhizum* und *G. wlassovianum* (Storchschnabel-Arten) oder *Saxifraga umbrosa* (Porzellanblümchen) dienen.

Das Riesenpfeifengras, alleine oder in einer Dreiergruppe verwendet, ist eine raumgreifende Gestalt, die kräftige Nachbarn braucht. Vor dunklem Gehölzhintergrund ist seine Herbstfärbung ungeheuer wirkungsvoll. In Gemeinschaft mit *Hemerocallis citrina* (gelbe Wild-Taglilie) oder der robusten *Hemerocallis fulva* (braunrote Taglilie), mit *Physalis alkekengi* (Lampionpflanze) oder *Lysimachia punctata* (Goldfelberich) läßt sich eine sehr widerstandsfähige, »pflegeleichte« Pflanzengemeinschaft herstellen.

Weniger derbe Nachbarn braucht *Molinia caerulea*, vielleicht als Blattkontrast das Kaukasus-Vergißmeinnicht *(Brunnera macrophylla)*, den großblumigen Ziest (*Stachys grandiflora* 'Superba') oder als Streublume überall dazwischen den sich leicht versamenden gelben Scheinmohn *(Meconopsis cambrica)*.

Ein besonderes Gras ist *Melica altissima* 'Purpurea' · An dem kräftigen, etwas weich wirkenden Halmbusch bilden sich ab Ende Mai schmale Blütenrispen von eigentümlich braunroter Farbe. Sie verlocken dazu, nach Pflanzen mit ähnlicher Farbe zu suchen, die man dem Riesenperlgras zuordnen könnte, und es finden sich *Ajuga reptans* 'Purpurea' (Günsel) zur flächigen, niedrigen Bepflanzung und *Geranium phaeum*, ein etwa 40 cm hoher Storchenschnabel mit dunkelpurpurbraunen Blüten, der sich mit kurzen Ausläufern langsam ausbreitet.

Wenden wir uns nun den richtigen Waldgräsern zu, mit breiten, saftiggrünen Blättern, denen man schon von weitem ansieht, daß sie Humus, Schatten und Feuchtigkeit lieben. Eines lieben sie nicht, das ist Wintersonne.

Das stattlichste unter ihnen ist die Riesensegge. Sie braucht kraftvolle Nachbarn, die sich jedoch in der Höhe so weit zurückhalten, daß das Gras nicht überdeckt wird. Schön zu *Carex pendula* sind zum Beispiel einige Funkien-Arten: *Hosta albomarginata* (schmale Blätter mit feinem weißen Rand), *H. a.* 'Lavender Lady' (grünes Blatt, violette Blüten), die *Hosta*-Hybride 'Helen Field Fisher' (breites, blaugrünes Blatt) und andere. Farne sind eine besonders passende Ergänzung, weil sie durch ihr filigranes Blattwerk Schattenpartien hervorragend beleben. In größeren Gärten könnte der Trichterfarn *(Matteuccia struthiopteris)* mit seinen langen Ausläufern sich zwischen der Riesensegge ausbreiten (man sollte ihn jedoch kritisch beobachten), oder aber die etwas weniger kräftig wachsenden Farne *Dryopteris erythrosora* (Rotschleierfarn), *Polystichum aculeatum* (Glanz-Schildfarn) oder der ausläufertreibende niedrige Tüpfelfarn *Polypodium vulgare*.

Sehr wirkungsvoll und robust ist ein Teppich aus dem weißbunten niedrigen Pfaffenhütchen *Euonymus fortunei* 'Variegatus', in dem eine Gruppe *Carex pendula* steht.

Den gleichen Eindruck, dunkelgrünes Gras auf weißgrünem Untergrund, kann man mit dem Frühlings-Buschwindröschen und der Schaumblüte *(Anemone nemorosa* und *Tiarella cordifolia)* im Frühling erreichen, im Herbst müßten eine weiße Herbstanemone und der Oktobersteinbrech *(Anemone japonica* 'Honorine Jobert' und *Saxifraga fortunei* 'Rubrifolia') diese Funktion übernehmen. In umgekehrter Weise, nämlich mit einem hellen Gras vor dunklem Untergrund, käme die weißbunte Japansegge schön zur Wirkung; in einem Teppich von *Vinca minor* oder zwischen Sorten von *Astilbe simplicifolia*, die alle recht dunkelgrüne Blätter haben, kommen ihre gelben Blattstreifen noch schöner zum Leuchten.

Das saftiggrüne Waldrispengras, *Poa chaixii*, ist nicht schwer unterzubringen. Sein hübscher Blattschopf mit den breiten, eigenartig zugespitzten Blättern paßt zu kleinen Farnen, zu Lungenkraut und

Elfenblume, vielleicht einmal überragt von *Lilium martagon*, dem Türkenbund, zu niedrigen und mittelhohen Astilben oder auch zu Maiglöckchen.

Niedrige und bodendeckende Gräser (Höhe unter 30 cm, Bambus höher) für mehr oder weniger schattige Bereiche

Carex × digitata 'The Beatles', Schopfsegge
Carex hachijoensis 'Evergold', Japansegge
Carex ornithopoda 'Variegata', Weißbunte Vogelfußsegge

Ein Leuchtfleck im Halbschatten ist *Hakonechloa macra* 'Aureola' im Blattkontrast zu den umgebenden Pflanzen.

Carex × digitata 'The Beatles' Foto Seite 21

Der Wuchszwergbambus wird sich langsam aber sicher in der Kiesfläche ausbreiten und seinen Platz dort behaupten.

Fotos von *Luzula*
Seite 36, 38
Pleioblastus
Seite 59
Hakonechloa
Seite 73

Carex plantaginea, Breitblattsegge
Carex umbrosa, Schattensegge
Hakonechloa macra 'Aureola',
    Gelbbuntes Japanwaldgras
Luzula nivea, Schneemarbel
Luzula pilosa, Haarmarbel
Luzula sylvatica, Waldmarbel
Pleioblastus pygmaeus,
    Dichtbüschelbambus
Sasaella ramosa, Wucherzwergbambus

Hier haben die schönen immergrünen Seggen- und Marbel- (oder auch Simsen-) Arten ihren Platz. Sie können zum Teil in großen Gruppen gepflanzt werden und somit eine wirkliche Bodendeckerfunktion übernehmen. Auf humosen und ausreichend feuchten Böden sind dazu besonders geeignet: *Carex plantaginea, Ca-*

rex umbrosa* und *Luzula sylvatica*. An etwas trockeneren und warmen Plätzen sollte man besser *Carex montana, Luzula nivea* und *Luzula pilosa* verwenden.

Ganz besonders aggressiv wachsen die beiden Bambus-Arten, und sie sind deshalb auch für besonders schwierige Standorte geeignet. Unter alteingewachsenen Gehölzen, wo im Sommer die üblichen Schattenstauden vertrocknen und von Jahr zu Jahr kümmerlicher werden, oder auf schattigen, erosionsgefährdeten Böschungen läßt sich innerhalb weniger Jahre eine üppige, immergrüne Bodendecke heranbilden. Allerdings muß man zwei bis drei Jahre warten, bis sich die neu gesetzten Pflanzen (3 Stück je m²) so weit ausgebreitet haben, daß sie die Fläche bedecken. Bevor ihr großer Ausbreitungsdrang alle krautigen Pflanzen zu ersticken droht (Gehölzen können sie nicht so viel anhaben), sollte man den Rhizomen unbedingt eine mechanische Sperre von etwa 50 cm Tiefe entgegensetzen (Steinplatten, nichtrostendes Blech, Kunststoffplatten), damit im angrenzenden Beet auch andere Pflanzen noch eine Überlebenschance haben. Als unmittelbare Nachbarn können nur größere Gehölze und große Bambus-Arten empfohlen werden.

Gesitteter geht es im feuchten Waldhumusboden zu. *Carex plantaginea* bildet mit ihren auffallend hellgrünen, breiten Blättern, die dem Boden bogig aufliegen, eine ungewöhnliche Bodendecke, die man hübsch mit *Waldsteinia ternata*, verschiedenen Etagenprimeln (*Primula × bulleesiana, P. pulverulenta* und anderen), dem Waldsauerklee *(Oxalis acetosella)*, wo die Anlage zum Wildgarten tendiert, oder mit Farnen ergänzen kann, wenn man das breitblättrige Gras nicht lieber mit hohen Schattenstauden überstellen will, wie Silberkerzen (*Cimicifuga*-Arten), Fingerhut *(Digitalis grandiflora)* oder Astilben.

Ganz ähnlich können *Carex umbrosa* und *C. × digitata* 'The Beatles' verwendet werden, nur ist es bei diesen Seggen wegen ihrer schmalen, feinen Blätter eher angebracht, sie mit breit- oder rundblättrigen Pflanzen zu kombinieren, etwa mit kleinen Funkien *(Hosta tardiflora* oder *H. venusta)* und sie so als Vorpflanzung zu *Polygonatum* (Salomonssiegel) zu, *Anemone japonica* oder *A. hupehensis* (Herbstanemone), zu *Kirengeshoma* (Wachsblume) oder *Rodgersia*-Arten (Schaublatt) zu verwenden. Auch *Luzula sylvatica* findet in solcher Gesellschaft einen guten Platz, ferner ist sie unersetzlich als flächige Unterpflanzung für eingewachsene, alte Gehölze, sofern nur etwas Humus vorhanden ist. Sehr fein wirkt im Schatten auch die weißgerandete Sorte 'Marginata', leider ist sie nicht ganz so robust wie die anderen.

Besondere Akzente können durch die Gräser mit mehrfarbigen Blättern gesetzt werden. In lockeren Gruppen gepflanzt, wirken sie wie Lichtpunkte und hellen den Schatten auf. Ganz besonders leuchtet das gelbbunte Japanwaldgras, wenn seine zarten gelben Halme aus einem dunkelgrünen Teppich von *Saxifraga umbrosa* 'Elliot' oder von *Cardamine trifolia* sprießen. Um diesen hübschen Anblick möglichst in jedem Jahr wieder erleben zu können, müssen wir das Gras im Winter mit Reisig abdecken, aber die kleine Mühe lohnt sich.

Sehr feine und zarte Gestalten sind die kleinen, gelb und weiß gestreiften Gräser *Carex hachijoensis* 'Evergold' und *Carex ornithopoda* 'Variegata'. Mit ihnen lassen sich Liebhaberecken gestalten, indem man das entzückende weißgeränderte *Polygonatum odoratum* 'Variegatum' (Salomonsiegel) oder *Smilacina racemosa* (Duftsiegel), *Gillenia trifoliata* (Dreiblattspiere) oder *Actaea pachypoda* (Christophskraut) mit diesen kleinen Gräsern unterpflanzt. Daran wird man sich im Garten lange freuen können.

Auch für den trockeneren, wärmeren Gehölzbereich gibt es passende niedrige Gräser, die trotz ihrer langsamen Ausbreitung im Laufe der Zeit große Flächen bedecken können. Es sind dies die schon erwähnte *Carex × digitata*, *Luzula nivea* und *Luzula pilosa*. Die Schopfsegge bildet einen interessanten Kontrast zu Lerchensporn *(Corydalis lutea)* im Frühsommer und im Herbst zu Blatt und Frucht des Aronstabes *(Arum italicum)*. Herrlich ist eine größere Fläche voller *Luzula nivea*, wenn das Gras in Blüte steht. Es wirkt, als schwebe Schnee über den Blatthalmen, sehr eindrucksvoll vor dunkellaubigen Gehölzen, etwa *Cotinus coggygria* 'Royal Purple', dem Perückenstrauch, oder *Corylus maxima* 'Atropurpurea', der Rotblättrigen Haselnuß. Humosere, auch mäßig sauere Plätze bevorzugt der heimische Haarmarbel, der in Moorbeetpflanzennähe zusammen mit dem ebenfalls wintergrünen *Asarum europaeum* (Haselwurz), niedrigen Farnen und *Lathyrus vernus* (Frühlingsplatterbse) die Überleitung vom weniger saueren zum stark saueren Standort, zum Beispiel für Rhododendron, bilden könnte. Ebenso geeignet ist er jedoch als Bodendecker unter alten Bäumen, wo es im Sommer oft recht trocken werden kann.

Gräser für Tröge, Kästen und Kübel

Das wichtigste bei der Bepflanzung jeglicher Gefäße ist, für einen guten Wasserabzug zu sorgen. Das Abzugsloch im Gefäßboden ist obligatorisch, es sollte mit Tonscherben abgedeckt werden, damit es nicht verstopft. Darüber kommt eine wenigstens 3 cm starke Dränschicht aus Kies, Mauerschutt, Lecaton, Topfscherben, Styromull oder ähnlichem, die dann, mit einem Dränvlies gegen das Verschlämmen geschützt, mit dem Erdsubstrat abgedeckt werden kann. In kleinen Gefäßen genügt eine Substratstärke von 10—20 cm, in größeren 25—35 cm, je nach Pflanzenart. Es ist ratsam, bei größeren Kübeln, wenn genügend Höhe vorhanden ist, nicht die Erdstärke zu vergrößern, sondern die Dicke der Dränschicht, denn die große Gefahr für Trog- und Kübelpflanzen liegt nicht im Nährstoffmangel (dem können wir abhelfen), sondern im Verschlämmen und Versauern des Substrates.

Zusammensetzung und Eigenschaften des Kultursubstrates richten sich nach der Art der zu verwendenden Pflanzen. Da die Gräser außer an die Durchlässigkeit keine besonderen Ansprüche stellen, reicht es, einen normalen Gartenboden mit Flußsand und Torf (je zu gleichen Teilen) etwas aufzulockern. Die Unterteilung in Tröge, Kästen und Kübel bedeutet zugleich eine Unterscheidung von drei verschiedenen Standorten: Tröge sind meist dickwandig, stehen auf der Erde und sind oft an einer Seite irgendwo angelehnt, d.h. Erde und Pflanzenwurzeln sind Hitze und Kälte nicht so extrem ausgesetzt wie in Balkonkästen, die rundherum ungeschützt sind. In Kübeln herrscht wegen ihres größeren Volumens ein anderes, ausgeglicheneres Bodenklima als in den meist dünnwandigen Blumenkästen.

Niedrige Gräser zur Bepflanzung von Trögen in der Sonne

Fotos von
Carex
Seite 22
Festuca
Seite 30, 31
Arundo
Seite 19

Arundo donax 'Versicolor', Pfahlrohr
Carex montana, Bergsegge
Festuca cinerea 'Blaufink'
   und *F. c.* 'Frühlingsblau',
   Blauschwingel
Festuca ovina 'Solling', Schafschwingel
Festuca valesiaca 'Glaucantha',
   Zwergblauschwingel
Koeleria glauca, Schillergras
Poa glauca, Hechtblaues Rispengras
Sesleria albicans, Kalkblaugras

Zu diesen meist blaulaubigen Gräsern kann eine große Zahl der verschiedensten Begleitpflanzen gesetzt werden, die Auswahl ist schwer zu treffen. Einige robuste Gattungen seien aufgezählt: *Alyssum saxatile* 'Nanum' (Felsensteinkraut), *Armeria juniperifolia* (Grasnelke), *Campanula cochleariifolia* (Zwergglockenblume), *Campanula garganica* 'Erinus Ma-

jor' und *Campanula portenschlagiana* (niedrige Glockenblumen), *Dianthus gratianopolitanus* 'Badenia' und 'Pink Juwel' (Pfingstnelke), *Draba*-Arten (Hungerblümchen), *Geranium dalmaticum* (Dalmatiner Storchschnabel), *Gypsophila repens* (Zwergschleierkraut), *Iberis saxatilis* (Schleifenblume), *Iris* der Barbata-Nana-Gruppe (Zwergiris), *Saxifraga paniculata* und *Saxifraga cochlearis* 'Minor' (Rosettensteinbrech), *Sedum*- und *Sempervivum*-Arten (Fetthenne und Hauswurz).

Es bleibt dem Geschick und der Vorliebe des einzelnen überlassen, wie er Gräser und andere Pflanzen kombiniert, nur ein Hinweis sei noch gegeben: auch die zarten, etwas höheren Gräser lassen sich gut in diesen kleinstrukturierten Pflanzungen unterbringen. Berücksichtigen sollte man (hier am besten als Solitär) *Bouteloua oligostachya, Carex buchananii, Melica ciliata, Helictotrichon sempervirens* und die vielen dekorativen einjährigen Gräser.

Hübsche Pflanzengemeinschaften können auch mit kleinen Rosen und Zwerggehölzen entstehen. Bewährt haben sich die Rosen 'The Fairy', 'Muttertag', 'Vatertag', 'Alberich', 'Pink Meillandina' und 'Yellow Meillandina'. Alle sollten, wegen der größeren Winterhärte, möglichst wurzelecht und nicht als Veredlungen gepflanzt werden.

Gut bewährt sind auch *Sedum*-Arten (flächig oder solitär), wie *S. spectabile, S. telephium.*

Einige der ganz kleinen grau- und blaunadeligen Koniferen könnten das Bild abrunden: *Chamaecyparis lawsoniana* 'Minima Glauca', *Pinus sylvestris* 'Compressa', *Pinus mugo* 'Brevifolia' und die Wacholder-Arten *Juniperus communis* 'Compressa', *J. c.* 'Echiniformis', *Juniperus horizontalis* 'Blue Clips'.

Alle diese sonnenhungrigen Pflanzen sind auch für die Bepflanzung von Balkonkästen geeignet, sie sind ausgezeichnet gegen Trockenheit geschützt, und ein gelegentliches Austrocknen des Kastens schadet ihnen nicht, doch gedeihen sie bei optimaler Wasserversorgung besser.

Niedrige Gräser
zur Bepflanzung von Trögen
im Schatten

Carex × digitata 'The Beatles',
Schopfsegge
Carex hachijoensis 'Evergold',
Japansegge
Carex ornithopoda 'Variegata',
Weißbunte Vogelfußsegge (KA)
Festuca scoparia, Bärenfellschwingel
(KA)
Luzula pilosa, Haarmarbel (KA)
Luzula sylvatica 'Tauernpaß'
und 'Farnfreund', Waldmarbel

Die Schattengräser sollten möglichst
nicht über längere Zeit trocken stehen,
deshalb sind sie für eine Balkonkasten-
bepflanzung nur bedingt geeignet, die ro-
bustesten sind mit (KA) markiert. Ist es
jedoch möglich, eine gleichmäßige
Feuchtigkeit im Gefäß zu halten, könnten wir den kleinen Gräsern im Schatten
sogar Farne zuordnen, dann müßte aber
der Torfanteil im Substrat auf das Doppel-
te erhöht werden. Zu der breitblättrigen
Waldmarbel 'Tauernpaß', die ihre Polster
über den Rand des Gefäßes entwickeln
könnte, würden das zarte *Adiantum pe-
datum* 'Minor' oder *A. venustum* (Frau-
enhaarfarne) hübsch aussehen, eventuell noch ergänzt mit einigen *Carex umbrosa*. Andere kleinwüchsige Farne sind
Blechnum penna-marina (flächig wachsender Rippenfarn, der etwas Winterschutz braucht), *Cystopteris bulbifera*
(knöllchentragender Blasenfarn), *Phyllitis
scolopendrium* 'Marginatum' und *P. s.*
'Undulatum' (Hirschzungenfarn). Letzte-
rer, zusammen mit dem Bärenfellgras
und *Carex hachijoensis* 'Evergold', wäre
gewiß eine verlockende gelbgrüne At-
traktion im Halbschatten. Die weißbunten Blattschöpfe der Vogelfußsegge sehen entzückend auf einem Teppich von
Euonymus fortunei 'Minima' (niedriger
Spindelbaum) aus, als Besonderheit
könnte man *Athyrium nipponicum* 'Me-
tallicum' hinzufügen, den Japanischen

Regenbogenfarn, dessen unregelmäßig
angeordnete Wedel zum Teil metallisch
graugrün gefärbt sind (im Winter mit
Torf abdecken, treibt spät aus).

Eine haltbare und ausdrucksvolle
Pflanzenkombination für den Kasten im
Schatten ist die zarte *Luzula pilosa* zusammen mit *Buxus sempervirens*-Bü-
schen und als überquellende Blüten-
pflanze *Campanula poscharskyana*.

Fotos von
Carex
Seite 21
Festuca
Seite 32
Luzula
Seite 38

Gräser zur Kübelbepflanzung

Zur Bepflanzung großer dekorativer Kübel für eine Terrassen- oder Platzgestal-
tung eignen sich Gräser ebenso wie viele andere Pflanzen. Vor allem kommen
hierfür die sehr hohen Einzelgräser in
Betracht (siehe Seite 62). Für die nicht
ganz frostharten unter ihnen ergibt sich
der Vorteil, daß sie im Winter an ge-
schützte Plätze geräumt werden können.
Kübel, die ganzjährig im Freien bleiben,
müssen inwendig mit Styropor (1 cm
stark) ausgekleidet werden, um die Gefahr häufiger krasser Temperaturwechsel
im Wurzelballen sowohl im Sommer als
auch im Winter zu mindern.

Sehr dekorativ ist die Kombination
von Strauchrosen und hohen Gräsern,
wie *Miscanthus*-Arten mit den Rosen
'Fiona', 'Friesensonne', 'Lichterloh',
'Schneewittchen' oder 'Silberlachs'. Ihre

Glyceria maxima
'Variegata' füllt
Tröge und Kübel
schnell aus, und
man kann den de-
korativen Gras-
busch dort hinstel-
len wo er gerade
paßt, ohne daß er
andere Pflanzen be-
drängt.

teilweise überhängenden Zweige lok-
kern die strenge Vertikale der Grasbüsche auf. Umgekehrt ist es ebenso schön,
Halbstammrosen mit *Melica ciliata* oder
Pennisetum orientale zu umgeben. Eine
besondere Bedeutung bekommt die Kü-
belpflanzung bei den wuchernden Gräsern. Es wird oft empfohlen, diese in
einen Eimer ohne Boden zu pflanzen
und dann einzugraben. In einem schönen Kübel mit Boden erzielen sie eine
ganz andere Wirkung. Besonders in kleinen Gärten hat es sich bewährt, *Spartina pectinata* 'Aureomarginata', *Glyceria
maxima* 'Variegata', *Phalaris arundinacea* 'Tricolor' und *Phragmites australis*
'Variegatus' in Kübel zu pflanzen, so
braucht man auf diese ausdrucksvollen,
großen gelb- und weißbunten Gräser
nicht zu verzichten. Da die Rhizome die
Gefäße recht bald völlig ausgefüllt haben, sollte man ab und zu nachdüngen,
das Gießen nicht zu häufig vergessen
und nach etwa drei Jahren die Pflanzen
teilen und neu einsetzen.

Das Thema Sommerblumen und Gräser ist unerschöpflich, erwähnt sei nur,
daß man zum Beispiel einjährige Rank-
pflanzen in Staudengräser klettern lassen kann: *Miscanthus sinensis* 'Giganteus' mit *Thunbergia* (Schwarzäugige Su-
sanne) oder *Ipomoea tricolor* (Trichter-
winde) oder *Miscanthus sinensis* 'Malepartus' mit *Rhodochiton atrosanguineus*
'Purple Bells'; oder daß sich *Heliotrop*
und die Mähnengerste gut vertragen
oder Männertreu und Zittergras oder Pe-
tunien und Magellan-Blaugras.

Bambus benötigt als Kübelpflanze
eine Sonderbehandlung. Für große Bambus-Arten sollte das Gefäß nicht weniger
als 50 Liter fassen. Ist die Pflanze im Kübel gut entwickelt, muß man dafür sorgen, daß ein Gleichgewicht zwischen
den Rhizomen im Topf (die sich nicht
ausbreiten können wie im Freiland) und
der Anzahl der Triebe erhalten bleibt.
Deshalb wird empfohlen, jedes Jahr im
Frühsommer so viele alte Triebe herauszuschneiden, wie sich zuvor junge gebildet hatten. Oberstes Gebot ist, daß der

Wurzelballen des Bambus nie austrocknen darf, auch nicht in den Ferienmona-
ten. Dafür stehen verschiedene automati-
sche Bewässerungssysteme oder Behäl-
ter mit Wasserreservoir zur Verfügung.
Eventuell erforderliche Düngergaben
werden am besten beim Austrieb der
Halme und ein zweites Mal etwa im Juli
gegeben. Müssen die Pflanzen im Freien
überwintert werden, sollte der Kübel
entweder mit Stroh oder Noppenfolie
eingepackt oder in die Erde eingesenkt
werden. Als Überwinterungsplatz im
Haus sind eine dunkle Garage oder Kel-
ler nicht geeignet. Bambus braucht auch
im Winter genügend Licht und eine
Raumtemperatur zwischen 5 und 10 °C.

Zum Schnitt geeignete Gräser

Kaum eine andere Pflanzengruppe liefert
so schöne dauerhafte Blütenstände wie

die Gräser. Trockensträuße sind fast unbegrenzt haltbar, wenn sie zur richtigen Zeit geschnitten wurden. Die Blütenstände erntet man bei trockenem Wetter und zwar dann, wenn die ersten Antheren (Staubbeutel) gerade aus den Ährchen herausgeschoben werden, also zu Beginn der Grasblüte. Die unteren Halmblätter werden entfernt, die Stengel zu kleinen Büscheln zusammengebunden und in einem dunklen, kühlen und zugleich luftigen Raum aufgestellt. Sie sollen möglichst schnell trocknen, denn nur dann behalten sie ihre frische Farbe.

Im allgemeinen werden die Blütenstände zum Schnitt verwendet, bei einigen Arten aber auch die Blätter. Diese sind mit (BL) gekennzeichnet, einjährige Gräser mit (E).

Achnatherum calamagrostis,
  Föhngras
Agropyron magellanicum,
  Magellanblaugras
Agrostis nebulosa, Straußgras (E)
Andropogon gerardii, Präriebartgras
Briza maxima, Zittergras (E)
Briza media
Calamagrostis acutiflora, Reitgras
Carex grayi, Morgensternsegge
Cortaderia selloana, Pampasgras
Deschampsia cespitosa, Rasenschmiele
Eriophorum latifolium
Eriophorum vaginatum, Wollgras
Glyceria maxima 'Variegata', Bunter
  Wasserschwaden (BL)
Hordeum jubatum, Mähnengerste (E)
Hystrix patula, Flaschenbürstengras
Lagurus ovatus, Hasenschwanzgras (E)
Melica altissima 'Purpurea',
  Riesenperlgras
Miscanthus sinensis, Chinaschilf
Molinia arundinacea, Riesen-
  pfeifengras
Molinia caerulea, Pfeifengras
Panicum capillare, Haarstielhirse (E)
Panicum virgatum, Rutenhirse
Pennisetum alopecuroides,
  Lampenputzergras
Pennisetum orientalis

Pennisetum setaceum, Federborstengras
  (E)
Pennisetum villosum (E)
Phalaris arundinacea 'Tricolor', Buntes
  Glanzgras (BL)
Rhynchelytrum repens, Föhngras (E)
Sorghastrum nutans, Goldbartgras
Spartina pectinata 'Aureomarginata',
  Goldleistengras (BL)
Spodiopogon sibiricus, Zottenrauhgras
Stipa capillata, Büschelfedergras
Stipa pulcherrima f. *nudicostata*,
  Reiherfedergras
Uniola latifolia, Plattährengras

Übrigens verdienen nicht nur die besonderen, die gezüchteten oder selektierten Gräser unsere besondere Aufmerksamkeit, sondern auch die vielen heimischen Gräser auf den Wiesen und entlang den Wegen. Auch sie sind schön und lassen sich wirkungsvoll in Sträußen verwenden.

Die goldgelben Blatthalme von *Spartina pectinata* wirken nicht nur im herbstlichen Garten, sondern auch in der Vase sehr schön.

Weißgrüne und gelbgrüne Gräser

Diese Gras-Sorten sind in der Regel nicht so starkwüchsig wie die grünen Arten, denn das Fehlen von Chlorophyll in mehr oder weniger großen Teilen der Blätter vermindert die Photosynthese und damit das Wachstum der Pflanzen. Gelegentlich findet man sogar fast ganz weiße Pflanzen, was zwar im Augenblick recht apart erscheinen mag, für die Pflanze jedoch bedeutet, daß sie über kurz oder lang eingehen wird.

Für die Gestaltung im Garten sind die weißgrünen Gräser besonders in schattigen Ecken von Bedeutung. Hier bringen sie, vor allem wenn Sonnenflecken auf sie fallen, leuchtende Punkte, die den Schatten aufhellen und der Pflanzung Abwechslung verleihen. Sie stehen am wirkungsvollsten zwischen niedrigen, dunkellaubigen Untergrund- oder Nachbarpflanzen *(Asarum, Cardamine trifoliata, Ajuga reptans* 'Atropurpurea', *Saxifraga umbrosa, Vinca* oder immergrüne Koniferen und *Rhododendron).*

Aber auch an sonnigen Standorten lassen sich wundervolle Effekte mit weiß- und gelbbunten Gräsern erzielen, zum Beispiel in Verbindung mit graulaubigen und gelbblühenden Stauden *(Artemisia*-Arten, *Stachys, Antennaria*-Arten, *Verbascum*-Arten, *Potentilla cinerea, Ruta graveolens).* Zum robusten und wuchernden Glanzgras, Schilf oder Wasserschwaden — vielleicht im versenkten Topf gepflanzt — würden der Wiesenstorchschnabel in Weiß und Blau oder die Jakobsleiter *(Polemonium caeruleum)* in Weiß und Blau ein dekoratives Gleichgewicht bringen. Und wie wäre es mit *Miscanthus sinensis* 'Strictus' und *Delphinium* in hellviolettblauen Farbtönen — zur Zeit der Ritterspornblüte ist das Gras noch niedrig, im Herbst jedoch steht der Gräserbusch hoch neben der niedrigen Nachblüte des Rittersporns, die durch *Rudbeckia purpurea* 'White Lustre' ergänzt werden könnte.

(SO) bedeutet: für sonnige Standorte.

Arrhenatherum elatius ssp. *bulbosum* 'Variegatus', Weißbunter Knollen-Glatthafer (SO)

Carex elata 'Bowles Golden', Goldgelbe Wasserbültensegge

Carex hachijoensis 'Evergold', Japansegge

Carex morrowii 'Variegata', Weißbunte Japansegge

Carex ornithopoda 'Variegata', Weißbunte Vogelfußsegge

Dactylis glomerata 'Variegata', Weißbuntes Knäuelgras (SO)

Glyceria maxima 'Variegata', Bunter Wasserschwaden (SO)

Hakonechloa macra 'Aureola', Gelbbuntes Japanwaldgras

Luzula sylvatica 'Marginata', Weißbunte Waldmarbel

Miscanthus sinensis 'Strictus', Chinaschilf mit gelben Querstreifen (SO)

Miscanthus sinensis 'Variegatus', Chinaschilf mit weißen Längsstreifen (SO)

Molinia caerulea 'Variegata', Pfeifengras mit gelben Längsstreifen

Phalaris arundinacea 'Tricolor', Buntes Glanzgras (SO)

Phragmites australis 'Variegatus', Weißbuntes Schilf (SO)

Pleioblastus viridistriatus, Gelbbunter Buschbambus

Scirpus lacustris ssp. *tabernaemontani* 'Zebrinus', Zebrabinse

Spartina pectinata 'Aureomarginata', Goldleistengras (SO)

Blaue und graugrüne Gräser

Wie schon in vorausgegangenen Kapiteln erwähnt, sind die Gräser mit blauen oder graugrünen Blättern überwiegend Sonne, Wärme und Trockenheit liebende Pflanzen (Ausnahmen sind *Eriophorum, Juncus* und *Phyllostachys*). Sie sind den Lebensbereichen Steppenheide und Felssteppe zuzuordnen und werden am besten mit Pflanzen aus diesen Bereichen

Zu den schönsten
blaugrünen Grä-
sern gehört der
Blaustrahlhafer,
*Helictotrichon sem-
pervirens*, der zur
Blütezeit sehr viel
Platz beansprucht.

kombiniert. Zum Beispiel können sie auch blaulaubige Koniferen begleiten. Blautanne oder Säulenzypresse bekommen eine edle farbliche Ergänzung mit rotlaubigen Berberitzen, der weinrot blühenden *Knautia macedonica* und dem blaulaubigen *Sedum cauticolum* 'Robustum', das im Herbst durch karminrote Blüten auffällt; unregelmäßige Gruppen von *Festuca cinerea, Koeleria* und *Agropyron magellanicum* könnten die Verbindung zu den Koniferen herstellen.

Etwas farbkräftiger ist die Kombination von Blau und Orange: Aus einem Fleckenteppich verschiedener graublauer und grüngrauer niedriger Grasbüsche steigen im Juni Feuerlilien oder Mohn, *Papaver orientale*, auf, am Rand beginnt *Euphorbia griffithii* 'Fireglow' (Himalaja-Wolfsmilch) zu glühen und im Laufe des Sommers bis zum Herbst folgen *Gaillardia aristata* (auch in Gestalt der niedrigen Hybriden 'Büble' und 'Kobold', beide rot mit Gelb) und *Kniphofia galpinii*, einer zierlichen spätblühenden Fackellilie mit mit grasartigem Laub. Ergänzen könnte man die Pflanzengruppe noch mit *Perowskia* (Blauraute) und *Caryopteris* (Bartblume).

(GR) bezeichnet graugrüne Gräser

Agropyron magellanicum, Magellan-
  Blaugras
Cortaderia selloana, Pampasgras (GR)
Eriophorum vaginatum, Scheidiges
  Wollgras (GR)
Festuca amethystina,
  Regenbogenschwingel
Festuca cinerea,
  Blauschwingel

Festuca mairei, Atlas-Schwingel (GR)
Festuca valesiaca 'Glaucantha',
   Zwergblauschwingel
Festuca ovina mit Sorten, (GR)
Helictotrichon sempervirens,
   Blaustrahlhafer
Juncus inflexus, Blaubinse
Koeleria glauca, Schillergras
Lagurus ovatus, Hasenschwanzgras (GR)
Melica ciliata, Wimperperlgras (GR)
Pennisetum alopecuroides
Pennisetum orientale, Orient-
   Lampenputzergras (GR)
Poa glauca, Hechtblaues Rispengras
Phyllostachys viridiglaucescens,
   Grünblauer Unrund
Sesleria albicans, Kalkblaugras
Stipa-Arten, Federgras (GR)
Stipa gigantea, Federgras (GR)
Stipa pulcherrima, Federgras (GR)

Gräser für feuchte und nasse Plätze

Ein Teich oder Sumpf ist in jedem Garten ein besonderer Anziehungspunkt, denn dort können wir an einer Lebensgemeinschaft von Pflanzen und Tieren teilhaben, deren interessante Begebenheiten uns immer wieder anziehen. Zwar können Gräser in den kleinen Gartenteichen nicht die Rolle spielen, wie in und an großen Seen, wo der Teichrohrsänger oder die Rohrammer ihre Nester zwischen den Schilfhalmen bauen — wir müssen aus Platzgründen mit schwächer wachsenden Gräsern vorliebnehmen — aber die Halme von *Cyperus longus* sind durchaus für Libellenlarven hilfreich, wenn sie ihren Weg aus dem Wasser in die Luft suchen.

Von den starkwüchsigen *Phragmites*, *Phalaris* und *Glyceria* kommen höchstens die weißbunten Formen für uns in Frage, und das meist auch nur gebändigt in einem Kübel.

Nur zwei der angeführten Arten sind für Wassertiefen um 30 cm geeignet, die Zebrabinse und das Lange Zypergras, das übrigens im tieferen Wasser gepflanzt kalte Winter besser übersteht als am Ufer. Für Wassertiefen von etwa 10 cm eignet sich darüber hinaus noch die Spiralbinse. Alle übrigen angeführten Gräser sind Besiedler frischer, feuchter und nasser Plätze im Uferbereich.

Carex elata, Wasserblütensegge
Carex grayi, Morgensternsegge
Carex muskingumensis, Palmwedelsegge
Carex pendula, Riesensegge
Carex plantaginea, Breitblattsegge
Carex pseudocyperus, Zypergrassegge

Cyperus longus, Langes Zypergras
Deschampsia cespitosa, Rasenschmiele
Eriophorum latifolium, Breitblättriges
  Wollgras
Eriophorum vaginatum, Scheidiges
  Wollgras
Fargesia murielae, Hellgrüner
  Schirmbambus
Fargesia nitida, Schirmbambus
Glyceria maxima 'Variegata', Bunter
  Wasserschwaden
Juncus effusus 'Spiralis', Spiralbinse
Juncus ensifolius, Zwergbinse
Juncus inflexus, Blaubinse
Molinia caerulea, Pfeifengras
Phalaris arundinacea 'Tricolor', Buntes
  Glanzgras
Phragmites australis 'Variegatus',
  Weißbuntes Schilf
Pseudosasa japonica, Pfeilbambus
Scirpus lacustris ssp. *tabernaemontani*
  'Zebrinus', Zebrasimse
Spartina pectinata 'Aureomarginata',
  Goldleistengras
Spodopogon sibiricus, Zottenrauhgras
Uniola latifolia, Plattährengras

Da wir an unseren kleinen Teichen
wohl keine Schilfgürtel oder Röhrichte
anlegen wollen (nur mit *Cyperus longus*
oder *Juncus inflexus* könnte so etwas
ähnliches in Miniaturformat erreicht
werden), gilt, was schon an anderer Stelle gesagt wurde, daß wir den Gräsern,
durch Zuordnung passender niedriger
oder im Blatt kontrastierender Pflanzen,
die Chance geben sollten, als ausdrucksvolle Einzelgestalten zu wirken. Zur Bepflanzung kleiner Flächen bieten sich
einzig *Carex plantaginea* und *Juncus ensifolius* an. Zur Breitblattsegge ließen
sich *Ranunculus acris* 'Multiplex' (Gefüll-
ter Wiesenhahnenfuß), *Trollius*-Arten
oder *Polemonium caeruleum* (Himmelsleiter) pflanzen oder die feuchtigkeitsliebenden Blumenzwiebeln *Gladiolus palustris* und *G. imbricatus, Leucojum ae-
stivum* (Sommerknotenblume) und *Fritil-
laria meleagris* (Schachbrettblume) gesellen. Die Zwergbinse bildet kleine Rasen,
denen man die weiße oder gefüllte

Sumpfdotterblume (*Caltha palustris* 'Alba' oder 'Multiplex') oder den Froschlöf-
fel *(Alisma plantago-aquatica)* zuordnen
könnte, oder man läßt sich die kleine
Binse mit der ausbreitungsfreudigen
Gauklerblume *(Mimulus luteus)* ausein-
andersetzen; etwas Überlebenshilfe
bräuchte die Sumpfprimel *(Primula ro-
sea)*, wenn man sie noch in die Nähe
pflanzt.

Die größeren Seggen (*Carex pseudocyperus* und auch *Carex elata*, die wir mit
der Sorte 'Bowles Golden' kennengelernt
haben) brauchen kräftigere Nachbarn,
wie *Ligularia*-Arten (Kreuzkraut), *Polygonum amplexicaule* (Kerzenknöterich)
oder die karminrot blühende Scheinspie-
re, *Filipendula rubra* 'Venusta Magnifi-
ca' · *Carex pendula*, die Riesensegge,
könnte mit kräftigen Funkien zusammen
den Hintergrund bilden zur Morgensternsegge, die zusammen mit *Primula
florindae* oder *P. sikkimensis*, den gelben
ostasiatischen Sommerprimeln und *Lobelia siphilitica*, der blauen Staudenlobelie,
für viele Monate unsere Aufmerksamkeit auf sich ziehen kann.

Die Rasenschmiele, das Goldleistengras, das Zottenrauhgras und das Plattährengras fühlen sich, wie bereits erwähnt,
nicht nur im Halbschatten, sondern, bei
genügend Feuchtigkeit, auch in der Sonne wohl, so daß man sie durchaus in
Wassernähe verwenden kann. Dort
könnten sie eine Mittlerrolle zwischen
den reinen Sumpfpflanzen und den »normalen« Pflanzen übernehmen. *Molinia*,
das Pfeifengras wäre beispielsweise eine
geeignete Pflanze, um von einem trockenen, sandigen, sauren Heidestandort
überzuleiten zum nassen, sauren Hoch-
moor, wo sich die Wollgräser ansiedeln
ließen, zusammen mit *Erica tetralix*
(Glockenheide) *Viola palustris, V. uligino-
sa* (Sumpfveilchen) oder dem zarten Son-
nentau *(Drosera rotundifolia)*.

Bambus ist für eine Pflanzung unmit-
telbar am Wasser nicht geeignet, da er
auf ausgesprochen nassen Böden nicht
gedeiht. Obwohl der Anblick vom Bam-
bustrieben, die sich über eine Wasserflä-

Zwergbinse und Spiralsimse sind auffallende Gestalten am Wasserrand, wenn sie dort frei stehen können.

Fotos von Herbst-schönheiten
Andropogon
Seite 17
Calamagrostis
Seite 20
Carex
Seite 24
Molinia
Seite 41
Panicum
Seite 42

che neigen, wunderschön ist, sollten wir einiges bedenken, bevor wir beginnen, dieses Bild nachzubauen; am Rand betonierter oder ähnlich gebauter Wasserbekken können wir alle, auch ausläufertreibende Arten verwenden, neben Folienbecken sollten jedoch nur die horstig wachsenden *Fargesia*-Arten und *Pseudosasa japonica* Verwendung finden, da andernfalls unsere Folie Gefahr läuft, von den Rhizomen durchbohrt zu werden. Ein besonderer Gesichtspunkt spricht für *Pseudosasa*, er wirft relativ wenig Blätter ab, so daß der Teich nicht so stark mit organischem Material belastet wird.

Für die merkwürdige Gestalt der Spiralbinse sollten wir einen ganz besonderen Platz reservieren, damit wir sie auch gebührend bewundern können, ein Teppich von *Lysimachia nummularia* (Pfennigkraut) wäre ein passender Untergrund. Zur Blaubinse, *Juncus inflexus*, paßt dagegen der kräftige Frauenmantel besser *(Alchemilla mollis)*, dessen zartgelbe Blüten und hübsche runde Blätter auch den Hintergrund bilden könnten zu *Euphorbia palustris* (Sumpfwolfsmilch) am Ufer und *Menyanthes trifoliata* (Fieberklee) im Wasser.

Herbstschönheiten und wintergrüne Gräser

Viele Gräser blühen erst gegen Ende des Sommers, andere verfärben sich goldgelb oder hellbraun oder blutrot, und das von Jahr zu Jahr völlig verschieden, abhängig vom Verlauf der Witterung im Sommer. Auch die Standfestigkeit der großen Gräserhorste kann unterschiedlich sein, so daß nicht in jedem Jahr sicher ist, ob der schöne Busch Herbststürme und Schneedruck im Winter aushält. Doch versuchen sollten wir es und uns wenigstens eine Weile an dem Schauspiel erfreuen, das Tau, Reif und Schnee auf den Halmen bieten, oder dem Rascheln eines großen trockenen *Miscanthus*-Busches an der Terrasse lauschen.

Achnatherum calamagrostis, Goldährengras, lange haltbare Blatthorste und Fruchtstände

Agropyron magellanicum, Magellan-Blaugras, wintergrüne Blätter

Andropogon gerardii, Präriebartgras, braunroter Grasbusch im Herbst, hübsche Blütenstände

Calamagrostis × acutiflora 'Karl Foerster', Reitgras, Herbstfärbung leuchtend gelb, Blütenstände lange haltbar

Carex buchananii, Rotbraune Segge, zarte, braune Halme bleiben über Winter erhalten

Carex × digitata 'The Beatles', Schopfsegge, feine, wintergrüne Blattschöpfe

Carex elata 'Bowles Golden', Goldgelbe Wasserbültensegge, wintergrüne Blatthorste

Carex hachijoensis 'Evergold', Japansegge, wintergrüne Blatthorste

Carex morrowii 'Variegata', Weißbunte Japansegge, kräftiger wintergrüner Blattbusch, Blätter gelbgrün gerandet

Carex morrowii, hier zusammen mit einer *Helleborus*-Hybride (Nieswurz), ist mit und ohne Rauhreif dekorativ. Beide Pflanzen sind wintergrün und bilden eine wirkliche Bereicherung für halbschattige Gartenpartien.

Carex ornithopoda 'Variegata', Weißbunte Vogelfußsegge, zarte wintergrüne Blatthorste

Carex pendula, Riesensegge, stattliche wintergrüne Blatthorste

Carex plantaginea, Breitblattsegge, ausgebreitete, wintergrüne Blatthorste

Carex umbrosa, Schattensegge, niederliegender, kleiner, wintergrüner Blatthorst

Fargesia murielae und *F. nitida*, Schirmbambus, hohe, wintergrüne Büsche

Festuca cinerea, Blauschwingel, rundliche, wintergrüne Blatthorste

Festuca mairei, Atlas-Schwingel, sehr lange haltbarer, lockerer Blatthorst

Festuca ovina, Schafschwingel, niedrige, wintergrüne Blatthorste

Festuca scoparia, Bärenfellschwingel, flache, immergrüne Blatthorste

Festuca valesiaca 'Glaucantha', Zwergblauschwingel, kleine, immergrüne Blatthorste

Helictotrichon sempervirens, Blaustrahlhafer, lockerer, wintergrüner Blatthorst

Juncus inflexus, Blaubinse, dichte, wintergrüne Blatthorste

Koeleria glauca, Schillergras, niedriger, wintergrüner Blatthorst

Luzula nivea, Schneemarbel, kleiner wintergrüner Blattbusch

Luzula pilosa, Haarmarbel, zierlicher, wintergrüner Blattbusch

Luzula sylvatica, Waldmarbel, kräftiger wintergrüner Blattbusch

Miscanthus sinensis, Chinaschilf, spätblühende, mittelhohe und hohe Grasbüsche.

Molinia arundinacea, Riesenpfeifengras, prächtige Grashorste mit schöner Herbstfärbung

Molinia caerulea, Pfeifengras, Blatthorste mit leuchtend gelber Herbstfärbung

Panicum virgatum, Rutenhirse, aufrechte, mittelhohe Grasbüsche mit herrlicher Herbstfärbung

Die Blattbüsche aller *Miscanthus*-Arten und -Sorten halten den ganzen Winter über die Stellung – man muß sie nur stehen lassen.

Auch das winterliche Erscheinungsbild der Gräser hat seinen Reiz.

Spartina pectinata 'Aureomarginata', Goldleistengras, lockerer Grasbusch, lange haltbar und schön

Spodiopogon sibiricus, Zottenrauhgras, aufrechter Grasbusch mit schöner Herbstfärbung, lange haltbar und schön

Uniola latifolia, Plattährengras, lockerer Grasbusch, auffallender Fruchtstand und Herbstfärbung

Um die Herbstschönheiten brauchen wir uns nicht zu sorgen, den immergrünen Grasbüschen sollten wir jedoch möglichst Schutz vor Wintersonne bieten, denn nur dann bleibt das schöne, frische Grün erhalten und die Pflanzen laufen nicht Gefahr, in schneelosen, kalten Wintern zu vertrocknen.

Zu den auffallendsten Herbstschönheiten zählt die Rutenhirse, sie macht ihrem deutschen Sortennamen 'Rotstrahlbusch' alle Ehre.

Fotos von Herbstschönheiten:
Spartina Seite 79

Fotos einjähriger Gräser:
Briza Seite 19
Hordeum Seite 7
Lagurus Seite 37
Pennisetum Seite 8, 44
Rhynchelytrum Seite 8, 46

Pennisetum alopecuroides, Lampenputzergras, kräftiges Horstgras, Herbstfärbung gelbbraun, Halme und Fruchtstände lange haltbar

Phyllostachys-Arten, Unrund, hohe, wintergrüne Halmgruppen

Pleioblastus pygmaeus, Dichtbüschelbambus, niedriger, wintergrüner Bodendecker

Pleioblastus viridistriatus, Gelbbunter Buschbambus, hohe, wintergrüne Halmgruppen

Pseudosasa japonica, Pfeilbambus, hohe, wintergrüne Büsche

Sasa palmata, Palmwedelbambus, hohe, wintergrüne Büsche

Sasaella ramosa, Wucherzwergbambus, niedriger, wintergrüner Bodendecker

Sorghastrum nutans, Goldbartgras, aufrechter Grasbusch, lange haltbar und schön

Einjährige Gräser

Ihre Vermehrung erfolgt stets durch Aussaat. Fast alle Arten können im Frühjahr direkt an Ort und Stelle gesät werden, sofern der Boden lehmig-humos und nicht zu unkrautreich ist. Nur wenige Arten, insbesondere die großen, bedürfen der Vorkultur (*Agrostis, Lagurus* oder *Pennisetum*), was bedeutet, daß sie Anfang April in ein Frühbeet gesät werden und Mitte Mai in kleinen Büscheln an ihren Platz gepflanzt werden können.

Agrostis nebulosa, Straußgras
Briza maxima, Riesenzittergras
Hordeum jubatum, Mähnengerste
Lagurus ovatus, Hasenschwanzgras
Panicum capillare, Haarstielhirse
Pennisetum setaceum, Fontänengras
Pennisetum villosum, Wolliges
    Federborstengras
Rhynchelytrum repens, Rubingras

Vermehrung, Pflanzung, Pflege

Bei der Beschreibung der einzelnen Gräser sind bereits Hinweise auf die jeweils beste Vermehrungsmethode gegeben worden.

Vermehrung durch Teilen

Das Teilen wird bevorzugt bei den dekorativen Zuchtsorten und den Wildformen angewendet, da ihre besonderen Merkmale bei generativer Vermehrung verlorengehen würden.

Der günstigste Zeitpunkt zum Teilen ist das Frühjahr; dabei werden die Mutterpflanzen vorsichtig auseinandergezogen (sowohl die horstigen als auch die Ausläufer treibenden) und kleine Büschel bzw. Rhizomstücke in sandig-humose Erde getopft und an einem milden, geschützten Ort aufgestellt und gleichmäßig feucht gehalten. Wenn der Topf gut durchwurzelt ist, kann die Pflanze im frühen Herbst, besser im folgenden Frühjahr an Ort und Stelle gesetzt werden. Der Weg über das Topfen der Teilstücke scheint zunächst umständlich, es hat sich jedoch gezeigt, daß manche Gräser oft mehrere Jahre benötigen, um »in Gang zu kommen«, wenn sie ohne Topfballen gepflanzt werden. Woran das liegt, ist nicht geklärt.

Vermehrung durch Samen

Die Vermehrung durch Samen ist eigentlich die natürlichste Art der Vermehrung. Sie ist bei den Ziergräsern jedoch nur dann angebracht, wenn die Arten oder Sorten samenecht sind. Der günstigste Termin hierfür liegt zwischen März und Mai. Die Aussaaterde sollte sehr fein, sandig-humos und gut durchlässig sein. Die Aussaatschalen oder Töpfe werden halbschattig, geschützt aufgestellt und gleichmäßig feucht gehalten. Die Keimdauer der meisten Arten liegen zwischen 3 und 4 Wochen; haben die Pflänzchen 2 bis 3 Blätter, wird in Töpfe pikiert (u. a. wird auch gleich in Töpfe gesät). Die Pflanzen werden so aufgestellt, wie es ihren Standortansprüchen entgegenkommt. Im ersten Jahr sollten sie frostfrei überwintert werden.

Pflanzen von Gräsern

Der günstigste Pflanztermin für Gräser ist das zeitige Frühjahr, im wärmer werdenden Boden beginnt das Wachstum sofort, während es bei Herbstpflanzung in der kalten Jahreszeit stagniert und die Wurzeln je nach Witterungsverlauf allzu leicht verfaulen oder vertrocknen können.

Selbstverständlich muß vor der Pflanzung der richtige Standort für die jeweilige Grasart ausgewählt und vorbereitet sein, damit die Pflanzen sich schön entwickeln können. Dazu sollten sie auch genügend Platz haben.

Die Langlebigkeit einer Pflanzung hängt ganz wesentlich von der Pflanzdichte ab. Wenn die Gräser in einem ihnen zusagenden Abstand voneinander stehen, entwickeln sie sich wesentlich kräftiger und gesünder, als wenn sie so dicht stehen, daß sie sich oder benachbarte Pflanzen gegenseitig bedrängen.

Für die wichtigsten Gräser sei im Folgenden der Bedarf pro m^2 und eine mögliche Art der Anordnung angegeben:

Gräser	Pflanzen je m²	Anordnung
Achnatherum calamagrostis	2–3	einzeln
Arrhenatherum elatius ssp. *bulbosum* 'Variegatum'	6	einzeln oder in kleinen Trupps
Calamagrostis acutiflora	2–3	einzeln oder in kleinen Trupps
Carex buchananii	4	einzeln, in kleinen Trupps
Carex grayi	7	in kleinen Trupps
Carex montana	12	in kleinen und größeren Gruppen
Carex morrowii	4	in kleinen Trupps
Carex ornithopoda 'Variegata'	12	in kleinen Gruppen
Carex pendula	2	einzeln, in kleinen Gruppen
Cortaderia selloana	1	einzeln
Deschampsia cespitosa	3	in größeren Gruppen
Festuca amethystina	4	einzeln oder in kleinen Trupps
Festuca cinerea	5	einzeln, auch in kleineren Gruppen
Festuca ovina	6	einzeln, auch in größeren Gruppen
Festuca scoparia	10	in großen Gruppen, flächig
Helictotrichon sempervirens	1	einzeln
Luzula nivea	7	in kleinen Trupps
Luzula sylvatica	3	in größeren Gruppen
Miscanthus sinensis	1	einzeln
Molinia caerulea	6	in kleinen Trupps
Panicum virgatum	1	einzeln
Pennisetum alopecuroides	1	in kleinen Trupps
Sesleria albicans	6	in kleinen Trupps
Spartina pectinata 'Aureomarginata'	3	in kleinen Trupps
Stipa-Arten	5	einzeln
Uniola latifolia	5	in kleinen Trupps

Die Anordnung in kleinen Trupps bedeutet, daß drei bis zehn Pflanzen einer Art zusammen gruppiert werden können, kleine Gruppen können aus zehn bis fünfzehn Pflanzen bestehen und große Gruppen aus fünfzehn und mehr Pflanzen. Verwendet man die Pflanzen in der angegebenen Stückzahl, so ist der Boden nach zwei bis drei Vegetationsjahren weitgehend bedeckt. Erhöht man die Stückzahl, um anfänglich schnell ein üppigeres Vegetationsbild zu erhalten, so sollte man, im Hinblick auf die Stabilität der Pflanzung, nach drei bis vier Jahren eine sorgfältige Lockerung der Pflanzung durch Entnahme einiger Exemplare durchführen, damit sie sich nicht bedrängen. Den offenen Boden zwischen den Pflanzen kann man in den ersten Jahren mit Sand oder einem Gemisch aus Rindenmulch und Sand abdecken.

Pflegemaßnahmen

Die Hauptursache für kümmerliches Wachstum oder Krankheitsbefall (meist Botrytis oder Rost) ist, wie bereits erwähnt, zu dichter Stand. Entweder stehen die Grasbüsche zu nah beieinander oder sie werden von anderen Pflanzen bedrängt. Das ist besonders kritisch bei den Steppengräsern wie *Helictotrichon, Eragrostis, Andropogon, Festuca* und *Koeleria*. Bei ihnen sollte man als besondere Pflegemaßnahme ab und zu die alten vermodernden Blattreste ausraufen oder auch die Ameisenhaufen, die gerne in kleinen Grasbüschen errichtet werden, entfernen, denn der durch Verrottung entstandene Humus oder der von den Ameisen zusammengetragene Sand halten die Feuchtigkeit im Blatthorst, was zur Fäulnis der Pflanze führen kann.

Spätestens dann, wenn die Mitte eines Grasbusches abgestorben ist, sollte er herausgenommen, geteilt und neu wieder eingesetzt werden, wobei der Boden mit sandigem oder kiesigem Material zu lockern bzw. abzumagern ist.

Nicht nur die Steppengräser neigen dazu, aus der Mitte heraus abzusterben, man beobachtet dies auch zum Beispiel bei *Miscanthus*. Es gibt zwei Möglichkeiten, dieser Entwicklung entgegenzuwirken: einmal, indem man die ganze Pflanze herausnimmt, sie in vier Teile teilt und ein Viertel oder die Hälfte in ausgetauschte gute Komposterde wieder einsetzt. — Eine anstrengende Arbeit! Die andere Methode besteht darin, die abgestorbene Mitte der Pflanze herauszugraben (was nicht weniger anstrengend ist) und in das entstandene Loch gute Komposterde wieder einzufüllen.

Auch Gräser, die nicht die Neigung haben, teilweise abzusterben, sondern sich im Gegenteil dichter und dichter zu riesigen Horsten zu entwickeln, sollten ab und zu geteilt werden, damit sie im Inneren wieder Luft bekommen und auch damit sie durch ihre Größe nicht den Maßstab der Gesamtpflanzung sprengen. Hierzu gehören zum Beispiel *Pennisetum alopecuroides* und *Deschampsia cespitosa*. Hat man jedoch genügend Platz für große Grasbüsche, sollte man sie erhalten, denn sie bieten Igeln einen guten Winterschutz.

Ein Gras, das mit zunehmender Größe unschön wird, ist *Carex morrowii*. Seine wintergrünen Blätter sind so zäh und hart, daß sie kaum vermodern und sich deshalb im Laufe der Jahre große Büsche von alten, oft zur Hälfte braunen Blättern bilden, in deren Gewirr die neuen grünen Blätter und auch die Blüten kaum zur Wirkung kommen. Man sollte diese Büsche gelegentlich verjüngen, indem man sie im Frühjahr teilt und die alten Halme um die braunen Spitzen einkürzt oder aber man wählt den radikalen Weg und schneidet große, alte Pflanzen (etwa 4—5 Jahre alt) kurz über dem Boden radikal zurück. Aus den unschö-

nen dunkelbraunen Pflanzenresten treiben dann nach kurzer Zeit frischgrüne Blätter hervor, und im Laufe des Sommers hat sich das Gras vollkommen regeneriert.

Bei manchen Gräsern sind die Fruchtstände unschön, man sollte sie abschneiden (bei einigen *Festuca*-Arten). Auch wenn man verhindern möchte, daß sich die Pflanzen versamen *(Dactylis)*, sollte man frühzeitig zurückschneiden. Manchmal, zum Beispiel bei der Rasenschiele, ist es schade, die hübschen Fruchtstände abzuschneiden, nur um das Versamen zu verhindern (aber verhindern sollte man es, denn die Sorten kreuzen sich und nähern sich allmählich wieder der Art). Statt dessen ist es besser, nur eine Sorte zu pflanzen. Dasselbe gilt auch für *Festuca cinerea* und *F. ovina* mit ihren Sorten.

Ein besonderes Kapitel der Pflege ist das Düngen. In der Regel sind unsere Gartenböden für die Gräser, die den Bereichen Felssteppe und Steppenheide angehören (zum Beispiel *Bouteloua, Festuca, Briza media, Melica ciliata, Sesleria, Stipa*) zu gut gedüngt, so daß jede weitere Düngung, besonders mit organischem Material, überflüssig ist. Auch die Waldgräser aus den Bereichen Gehölz und Gehölzrand brauchen keine zusätzliche Düngung, sofern das anfallende Laub liegen bleibt. Besonders die Sumpfgräser kommen ohne zusätzliche Düngergaben aus. Anders sieht es bei der Gruppe der Gräser aus, die den Freiflächen und dem Beet zuzuordnen sind. Bei ihnen ist der Nährstoffbedarf zum Teil höher (bei *Cortaderia, Miscanthus, Pennisetum, Panicum, Arrhenatherum* und den einjährigen Gräsern), jedoch sollte man sich hüten, gar zu großzügig mit dem Dünger umzugehen ($50 g/m^2$ und Jahr je zur Hälfte Horn- und Knochenmehl oder 30 g/m^2 eines handelsüblichen Mineraldüngers sind ausreichend), denn bei zu gut genährten Gräsern leidet die Standfestigkeit, der typische Wuchscharakter und die schöne Färbung gehen verloren, und aus unserem markanten Ziergras kann leicht so etwas wie ein mastiges

Weidegras werden. Deshalb könnte man in bezug auf die Düngung bei Gräsern abschließen mit der Empfehlung: Weniger bringt mehr.

Zum Schluß noch einige Hinweise zum Winterschutz: alle wintergrünen Gräser sollten vor Wintersonne geschützt werden, entweder durch Pflanzung an eine entsprechende Stelle im Garten oder durch Abdecken mit Reisig oder Laubstreu. Sehr dankbar für eine Laubschütte sind *Arundo donax*, *Cortaderia selloana*, die *Bambus*-Arten und *Hakonechloa macra*. Die *Luzula*-Arten behalten ein frischeres Grün, wenn sie unter einer nicht zu dicken Laubdecke überwintern können, bei den wintergrünen *Carex*-Arten empfiehlt sich eher eine Abdeckung mit Reisig. In schneesicheren Gegenden braucht man sich über derartige Vorsichtsmaßnahmen jedoch keine Gedanken zu machen.

Pflege von Bambus

Eine gewisse Sonderstellung hinsichtlich der Pflegemaßnahmen nimmt der Bambus ein. Er ist dankbar für reichlich Wasser und Wärme während der Hauptwachstumszeit von Mitte Mai bis Ende Juli. Wassermangel, besonders auch im Winter, zeigt er durch Einrollen der Blätter an. Wässert man die Pflanze (im Winter nur bei frostfreiem Wetter), breiten sich die Blätter wieder aus. Man darf es jedoch auch nicht zu gut meinen, denn gegen dauerndes Stehen im Wasser oder Staunässe ist Bambus sehr empfindlich.

Es ist ratsam, den Wurzelbereich von Bambus im Herbst mit einer Laubdecke zu versehen und auch das abgefallene Laub nicht zu entfernen. Es dient als Wurzelschutz und Dünger (wertvoll wegen des hohen Kieselsäuregehaltes). Der Düngerbedarf ist recht hoch, besonders an Stickstoff sollte es nicht fehlen. Um gesunde Pflanzen zu erhalten, sollten jedoch stark stickstoffhaltige Dünger, sei es nun Pferdemist oder Mineraldünger, nur bis Ende Juni gegeben werden, damit die Pflanze genügend Zeit hat bis zum Winter auszureifen.

Sollte der Bambus in sehr kalten Wintern einmal alle Blätter verloren haben, darf man speziell bei den hohen Arten nicht gleich an Rückschnitt denken, in der Annahme, daß die Pflanze sofort wieder saftiggrüne, hübsche Triebe bildet, wenn die unschönen alten abgeschnitten sind. Das sieht zwar im ersten Jahr so aus, bedeutet aber dennoch eine Schwächung der Pflanze über mehrere Jahre. Es ist besser zu warten, ob sich aus den blattlosen Halmen nicht doch wieder ein Austrieb entwickelt — was in den meisten Fällen geschieht.

Einen radikalen Rückschnitt bis auf den Boden vertragen alle niedrigen, ausläufertreibenden Arten, man darf sie sogar in jedem Frühjahr zurückschneiden, wenn die Blätter im Winter zu sehr gelitten haben. Auf großen Flächen kann man das ruhig auch mit dem Rasenmäher besorgen.

Ein paar Worte noch dazu, wie man die sehr vitalen, ausläufertreibenden Arten eindämmt. Die Triebspitzen der Bambusrhizome sind so hart, daß sie Folien oder Holz (das im Laufe der Zeit morsch wird) durchbohren. Wenn man also nur begrenzten Platz für einen Bambus-Teppich zur Verfügung hat, sollte man ihn einfassen. Dafür eignen sich Betonplatten (Fugen sorgfältig verschließen), verzinkte oder nichtrostende Bleche, harte Kunststoffe, Betonringe und ähnliche Materialien, die wenigstens 60 cm tief eingegraben werden müssen. Diese einmalige Arbeit sollte man nicht scheuen, sie ist mit Sicherheit weniger aufwendig als das wiederholte, mühsame und nicht immer erfolgreiche Abstechen und Ausgraben der ungeheuer vitalen Ausläufer.

Literaturverzeichnis

Aichele, D., Schwegler, H.-W.: Unsere
    Gräser. Franckh-Kosmos, Stuttgart
    1991.
Dorem, W. D., Mc Neill, J.: Grasses
    of Ontario. Research Branch Agri-
    culture,
    Canada Monograph 26, 1980.
Encke, F.: Sommerblumen. Verlag Eugen
    Ulmer, Stuttgart 1961.
Fessler, A.: Der Staudengarten. Verlag
    Eugen Ulmer, Stuttgart 1991.
Foerster, K.: Einzug der Gräser und
    Farne in die Gärten.
    Neumann Verlag, Radebeul 1988.

Gartenpraxis. Ulmers Pflanzenmagazin.
    Verschiedene Hefte der Jahrgänge
    1987 bis 1993. Verlag Eugen Ulmer,
    Stuttgart.
Hansen, R., Stahl, F.: Die Stauden.
    Verlag Eugen Ulmer, Stuttgart
    1990.
Hubbard, C. E.: Gräser. Verlag Eugen
    Ulmer, Stuttgart 1973.
Jelitto, L., Schacht, W., Fessler, A.:
    Die Freilandschmuckstauden.
    Verlag Eugen Ulmer, Stuttgart 1985.
Recht, C., Wetterwald, M.: Bambus.
    Verlag Eugen Ulmer, Stuttgart 1988.

Bildquellen

Ellen Fischer, Weisenheim/Berg: Titelbild, Seite 2, 38.
Hermann Fuchs, Hof: Seite 35, 50
unten, 79.
Sebastian Seidl, München: Einbandrück-
seite, Seite 8, 16, 17, 19 rechts, 20,
24, 25 oben, 28, 31, 33, 36, 39, 41,
43, 44, 45, 46, 47, 49, 50 oben, 51,
56, 58, 61, 63, 64 (2), 67, 81, 82, 86.

Gitte und Siegfried Stein, Vastorf: Seite
6, 7, 37, 77, 85.
Gisela Zinkernagel, Freising: Seite 18,
19 links, 21 (2), 22, 23, 25 unten,
29, 30, 32, 40 (2), 42 (2), 48, 52, 53,
59, 65, 66, 73, 74, 84.

Alle Zeichnungen von Reinhilde
Hofmann, München.

Verzeichnis der Gräsernamen

Seitenzahlen mit Sternchen* verweisen auf Abbildungen

SOVIEL SCHÖNES

Schöne Orchideen. Von Alfons Bürger. 96 Seiten, 55 Farbfotos und 11 Zeichnungen. Kt. Die vorliegende Auswahl umfaßt Orchideen, die sich ⟶ **mit den klimatischen Verhältnissen auf der Fensterbank zufrieden geben.** Es wird unterschieden, welche der beschriebenen Arten eher für den erfahrenen Orchideenhalter und welche für den Anfänger geeignet sind. ISBN 3-8001-6428-0

Schöne Kakteen. Von Prof. Dr. Gerhard Gröner und Dr. Erich Götz. 96 Seiten, 65 Farbfotos und 10 Zeichnungen. Kt. ⟶ **Zwei erfahrene Kakteenkenner** stellen hier ihre Auswahl der schönsten und besten Kakteen für das Zimmer vor. Bei der Beschreibung der Gattungen und Arten werden fünf Pflegetypen unterschieden. ISBN 3-8001-6430-2

Schöne Miniatur-Wassergärten. Von Ruth Kohle. 96 Seiten, 53 Farbfotos und 26 Zeichnungen. Neben vielen ⟶ **Gestaltungsideen** gibt das Buch praktische Anleitungen zur Anlage eines Miniatur-Wassergartens und stellt die speziell dafür geeigneten Sumpf- und Wasserpflanzen vor. Eingehend wird das Algenproblem besprochen. ISBN 3-8001-6478-7

Schöne Steingärten. Von Hermann Fuchs. 112 Seiten, 56 Farbfotos und 26 Zeichnungen. Kt. Sachgerecht aus geeignetem Gesteinsmaterial aufgebaut, bietet ein Steingarten ⟶ **Heimstatt für allerlei Pflanzenschätze.** Sorgfältige Planung und Ausführung sind wichtig. ISBN 3-8001-6441-8

Schöne Blumenrabatten. Von Garry Grueber. 96 Seiten, 59 Farbfotos und 13 Zeichnungen. Kt. Hier finden sich für ⟶ **jeden Geschmack** und für **jede Jahreszeit** Vorschläge zur Gestaltung hübscher Rabatten. Jedes Rabattenthema enthält einen detaillierten Pflanzplan als Anregung. ISBN 3-8001-6455-8

Schöne Kübelpflanzen. Von Ulrike Preißel und Dr. Hans-Georg Preißel. 95 Seiten, 72 Farbfotos und 4 Zeichnungen. Kt. Beschreibung von ⟶ **mehr als 80 der schönsten Gattungen und Arten.** Übersichtliche Angaben zu Düngung, Schnitt, Vermehrung und Überwinterung. Die Mobilität der Pflanzen ermöglicht vielerlei Verwendungen. ISBN 3-8001-6456-6

Schöne Troggärten und bepflanzte Steine. Von Dr. h. c. Fritz Köhlein. 100 Seiten, 44 Farbfotos und 25 s/w-Abbildungen. Kt. Der Autor, der über ⟶ **eine langjährige Erfahrung** im Gestalten von Troggärten verfügt, zeigt die verschiedenen Möglichkeiten der mobilen Gärten auf. Sammlungen kleiner Kostbarkeiten. ISBN 3-8001-6389-6

Erhältlich in Ihrer
Buch(Fach)handlung oder beim
Verlag Eugen Ulmer
Postfach 70 05 61, 7000 Stuttgart 70

VERLAG
EUGEN
ULMER